CONTENTS

Var Eutimio	3
EL PRIMER DIA	11
FIN DE LA PRIMERA SEMANA Y LIGEROS AJUSTES	17
LOS CIEN PRIMEROS CLIENTES	20
LOS PRIMEROS TRES METROS DE MARKETING	26
SEGUNDO ROUND	37
TRES METROS MENOS	46
La semana de la noche de San Juan	55
EL VERANO SE FUE Y LLEGÓ EL OTOÑO	67

VAR EUTIMIO

"Menos es Más", se dijo Eutimio al crear lo que sería su negocio, su vida y el proyecto en el que había puesto todas sus esperanzas y al que pensaba aportar toda su experiencia en el mundo de la empresa. Porque menos es más, su proyecto se llamaría simplemente Var Eutimio. No Bar Eutimio, ni Gastorbar, ni Restaurante. Sencilla y llanamente Var Eutimio.

Lo llamó Var tras la lectura de la técnica AIDA utilizada en marketing y en ventas.

A- cualquier oferta debe llamar la Atención del consumidor. Sino llamas la atención del consumidor nada de lo que hagas servirá.

I. Interés por la oferta.

D. Deseo de comprar o consumir.

A. Acción de consumir o comprar.

Por eso lo llamó intencionadamente Var. Para llamar de manera segura la atención de todos los viandantes.

A pesar de haber estado más de 12 años en una gran empresa en posiciones intermedias para las que se requería perfiles bajos, siempre se consideró una persona con muy buenas ideas para el marketing. De hecho le encantaba criticar anuncios en la televisión y charlar con sus compañeros de lo que se hacía bien o mal, a su parecer, en su propia empresa a pesar de ocuparse de tareas rutinarias. Trabajó en el departamento de Sinpenanigloria que fue el primer departamento en externalizar al fusionarse su empresa con otra mayor. Y tras la externalización Eutimio fué invitado al basto mundo de los emprendedores con resiliencia. Resiliencia no es más que una cursilería para no utilizar la expresión "camina o revienta"

Hoy era el gran día. Acababa de firmar un contrato de arrendamiento de un local de 60 metros cuadrados en primera línea del nuevo paseo marítimo, con derecho para explotar 8 mesas de terraza exterior semi cubierta. Tenía 10 metros de fachada, 2 metros de Barra y un pequeño almacén con una cámara frigorífica. Discreto pero coqueto.

No hablamos del famosísimo paseo marítimo histórico. De hecho, allí alquilar un local era tarea imposible y si se daba la oportunidad de un traspaso, éste resultaba ser carísimo. Hablamos del Nuevo paseo marítimo . Una extensión del tradicional paseo marítimo que se creó en plena burbuja inmobiliaria y que se había quedado algo estancado en su desarrollo y explotación.

Pero además, lo que animó a Eutimio a apostar por un local de hostelería en el Nuevo paseo marítimo era otro concepto que le encantaba: los océanos azules. No quería competir, ni llegar a guerras de precios, ni litigiar con vecinos de terrazas, ni pelear por la clientela.

Había leído en los textos empresariales que Océanos Azules hacían referencia a esos mercados que no tiene competencia porque la innovación y la diferenciación hacen que la oferta se encuentre sin competencia. El Circo del Sol era un ejemplo muy recurrente.

Quería su océano azul. Aunque para ello tuviera que abrir un Var en una zona donde sólo se había levantado un bloque de apartamentos y el suyo fuera el único local comercial abierto. Pero el futuro se intuía prometedor. Lo que iba a ser la milla de oro había quedado a medias debido a la crisis económica. Pero cuando la situación mejorara seguiría siendo un enclave único.

Haciendo caso de uno de sus libros de sobremesa (El Libro Negro del Emprendedor), no buscó socios. Tenía dinero suficiente como para afrontar los gastos personales durante dos años, y estaba en un negocio del que obtendría recursos inmediatos. En lo único que fallaba era en el conocimiento del negocio. No conocía la hostelería. Pero ciertamente había estado más de 12 años bajando día sí y día también a tomar el desayuno y el almuerzo en los diferentes bares que rodeaban su antiguo empleo y sabía muy bien lo que quería el consumidor. Ahora, su futuro cliente. Puesto que él había sido uno de ellos.

Tenía todos los libros sobre marketing que uno pudiera imaginar. Sino tenía más era porque advirtió que se repetían más que el ajo. Siempre hablando de detectar y satisfacer necesidades del consumidor. Sobre todo de antemano. Investigación de mercados a cascoporro. Las 4 P (producto, precio, distribución o localización y comunicación o promoción). Todos los libros actuales de marketing además iban incorporando todo clase de conceptos relacionados con e-commerce, redes sociales y el añadido sobre dirección de ventas.

El lema de Menos es Más en su Oceáno Azul provocó su modelo de negocio y por tanto marcaría su estrategia de negocio.

No. No hizo investigación de mercados como le recomendaban todos los libros de marketing que había leído puesto que no sabía a quién preguntar, ni el qué. No lo sabía puesto que ni había publico todavía en aquel desierto Nuevo paseo marítimo ni pensaba que nadie respondería que NO quería un Bar en un paseo marítimo. Por tanto se saltó el 50% del concepto tradicional del marketing.

Var Eutimio era un Bar como su propio nombre reza en el que se serviría las mejores tostadas con aceite de oliva virgen de Jaén, tomate pera triturado de Almería y jamón de Teruel . La bebida era lo que cerraba el círculo perfecto. Zumo de naranjas….valencianas.

Esa era su carta. Menos es más. Todo era correcto.

No era necesario hablar de las bondades de la dieta mediterránea, ni del tridente de éxito: Aceite de Jaén, Jamón de Teruel y Naranjas Valencianas. Era el mejor desayuno / almuerzo que se podía tomar una persona en el Nuevo paseo marítimo. Y a corto plazo iba a ser el único.

Además, el lema de menos es más tenía varias ventajas. La primera era la especialización. Dicha especialización le otorgaría pasados unos meses una curva de aprendizaje por la que mejoraría los tiempos de servicio a mesas, la calidad y mejora en compras y suministros, el conocimiento del público, y por supuesto la destreza para cortar jamón y exprimir naranjas

Dicha especialización lo haría diferente… Y por lo que había visto en su propio vecindario, único.

Especializado, diferente, apoyado en la dieta mediterránea…. Y en su propio océano azul.

Además estratégicamente todo estaba estudiado. De hecho, sus lecturas sobre estrategia empresarial le habían servido para intuir que iba a crear un precedente. Iba a ser el primer negocio que está preparado de antemano para su certera competencia. Hasta el punto de que la crearía a su antojo y según sus necesidades.

Nadie sería tan estúpido como para establecerse en el Nuevo paseo marítimo con un Var con tostadas de jamón y zumo de naranja. Lo obvio es que la competencia, que tarde o temprano llegaría a medida que se urbanizaba la zona, se dedicara a completar su oferta. Sólo esperaba competidores que le complementen. Coopetencia bien entendida. El concepto de Coopetencia le fascinaba. La cooperación entre competidores para hacer crecer de manera rentable una industria y un mercado. Él lo quería conseguir. No luchar por precios. Hacer valer lo que les une y ser incluso complementarios.

Él aspiraba a crear un oligopolio diferenciado pero con la ventaja de ser el pionero en la zona.

Tenía todo previsto. No aspiraba a hacerse rico. Y sabía las limitaciones de un negocio discreto de servicios aunque en este tipo de negocios había un conocido dicho que rezaba: los peces nadan y los negocios de servicios crecen.

Estaba claro. Pero él no iba a crecer. Lo que pretendía era ganarse la vida haciendo de la excelencia su día a día.

Menos es Más. Océano Azul .Dieta Mediterránea. Líder del Oligopolio diferenciado. Excelencia como rutina...

Ahora sólo era necesario esperar a los diferentes oficios y proveedores para que en menos de una semana inaugurara su local. Mesas y sillas con su nombre comercial (Eutimio), vasos para el zumo y platos para las tostadas serigrafiados con su propio nombre. El cartel del local. Sobrio pero claro y llamativo.

De los oligopolios hacían referencia todos sus libros. Y consistía en aquella situación en la que la oferta se la repartían finalmente entre pocos competidores. Lo ideal es que se llegara a dicha situación diferenciando la oferta de cada competidor. Si no, se entraría en una guerra de precios que arruinaría a dicha industria.

Pero volviendo a nuestro negocio, a primera hora de la tarde llegarían los pedidos iniciales de jamones, aceite, naranjas, y el congelador y horno para el pan congelado que a diario iría horneando...Estaba preparado para inaugurar.

El proveedor de jamones le llevó una caña de lomo ibérico como regalo de inauguración a Eutimio. De manera cortante le aclaró que sólo quería jamón. No iba a repetírselo más veces.

Inauguraría en pleno mes de febrero. No era una época de mucho tránsito en el Nuevo paseo marítimo pero las naranjas tenían muy buen sabor. Además todos los oficios que trabajan en las diferentes obras a su alrededor componían, pensó, un mercado cautivo que debía aprovechar.

Lo que sí que tenía claro era su oferta. Se resumía en servir tostadas de aceite de oliva virgen de Jaén, con o sin tomate pera de Almería triturado y con o sin jamón serrano de Teruel. Se podía pedir de media en media tostada. De bebida, zumo pequeño o normal de Naranjas Valencianas. El horario, de 9 am a 16h. De lunes a domingos.

Los dos primeros años no tenía previstas vacaciones. Las tardes, para analizar la jornada y hacer feedbak que generara un proceso de cambio o camino perpetuo hacia la excelencia. El feeback lo llevaba ensayando algún tiempo pero era difícil llevarse a casa a los propios clientes para preguntarles qué tal les parecía su oferta. Se tendría que conformar con un auto-feedback

Lo que sí que tenía claro es que en esta semana en la que recibiría los últimos retoques al local, el mobiliario y las primeras mercaderías, se iba a dedicar a perfeccionar el corte de jamón y el grado perfecto de tostar el pan. Las naranjas ya las dominaba tanto si eran filtradas como con leve pulpa disuelta sutilmente sin tropezones.

Además había estado contando los pasos que debía dar desde la contrabarra hasta las mesas. Tres metros. El servicio a clientela estaba marcado en 3 metros para ir a presentarse, ofrecer sus productos y tomar la comanda. Otros 3 metros para memorizar el orden en que servir lo que acaba de escribir. Otros 3 metros para servir dicha comanda y por supuesto 3 metros más para retirar y limpiar cada mesa a la que debía dar el máximo de rotaciones posibles en su jornada.

Se nos olvidaba un tema clave. Ya conocíamos la ubicación, su oferta gastronómica y su rotunda falta de política de comunicación .Sabía que la mejor de todas era el boca-oído y la recomendación personal. No iba a invertir sus escasos recursos en publicidad. Utilizaría las RRSS en tiempos muertos.

Faltaban los precios para cuadrar las famosas 4 P de las que hablaba Kotler.. Los precios de venta al público. Menos es Más. Los zumos pequeños o normales costaría 1 € y 1,5 €. La media tostada básica 1 € y la de jamón 2 €.

No crearía una oferta combinada (o combo, menú. O value pricing como dicen los que detestan el castellano) porque realmente era estúpido creer que por ahorrarse un euro una persona que quería solo un zumo, iba a prescindir de un nutriente desayuno como el que aportaba la tostada. Y era increíble imaginar a alguien pedir sólo tostada sin bebida. Él no iba a hacer el boca a boca si alguien se atragantaba con la tostada.

Todos ustedes estarán preguntándose lo que los amigos, familiares y excompañeros de Eutimio le preguntaron al terminar de escuchar su idea de negocio. El Café. No gracias, sienta mal. Menos es Más. El café es un excitante que no entra en la dieta mediterránea realmente. Espabila mucho más el zumo de naranja. Además el café complicaría mucho la carta y el servicio. Sólo o expreso, café con leche, cortado, con o sin azúcar , con o sin cafeína, en vaso o taza, sin leche o con leche templada o caliente , arábico o mezcla....y el odioso ruido del calienta leche.....Ni hablar. Ese, el del café, era el sitio que de una manera honesta pero inteligente dejaba a su futura competencia. No se podía ejercer mejor como "coopetidor"

Var Eutimio.......

HENRY GOODMAN

EL PRIMER DIA

Eran las ocho menos cuatro de la mañana y Eutimio comenzaba su nueva vida ya que iba a abrir su proyecto, su local, en el Nuevo paseo marítimo. Abrió el local y comenzó a sacar las 8 mesas con sus correspondientes 32 sillas. No abrió la cobertura de la terraza puesto que no hacía un sol abrasante pero por el contrario sí hacía viento. Colocó en cada mesa su "table ten" con su oferta y un cenicero cada tres mesas. Colocó dos papeleras entra las mesas. Cuando acabó de colocar las mesas se percató que los "table ten" habían salido volando. Se los había auto-impreso en su impresora casera y recortado en su propia casa. Ya volvería a hacer otros y cogería 8 piedras. Le gustaba llamar a los porta menús "table ten". Le hacía sentirse más cerca del marketing. De hecho consideraba que la gente que hablaba de mercadotécnia y no de marketing eran unos tiesos.

Comenzó a descongelar 6 barras de pan y comenzó a "inaugurar" su primer jamón. El primero de los ocho que tenía colgados en la contrabarra y sobre los que no tenía previsión ninguna ya que no podía prever la demanda en plena inauguración y en pleno febrero en un paseo casi fantasma. Máxime cuando no se contaba con ivestigación de mercados previa.

De fondo se oía el sonido de las olas golpeando contra el malecón. Un sonido que podría convertirse en ruido. Lo poco gusta y lo mucho cansa.

Habían pasado ya dos horas y estaba todo preparado para la batalla. Pero no apareció nadie en absoluto. La zona antes de las 9 tenía algo de tránsito ya que los diferentes oficios que trabajaban en los inmuebles que estaban construyéndose en el Nuevo paseo marítimo aparcaban en las inmediaciones. Antes de ponerse a la faena desayunaban con lo que traían de casa. Pero sobre las 11 ya habían almorzado con sus bocadillos sentados en los rincones de la zona.

A las 11 y media entró la primera persona en su local. Era un obrero de la zona que tras darle prudentemente los buenos días le pidió educadamente si podía ir al baño mientras se tocaba la barriga, levantaba una ceja y dejaba salir una sonrisita. Eutimio , al que la petición le cogió por sorpresa, le contestó que aún no estaba preparado , que era su primer día y que no funcionaba el baño. Menos mal que tuvo esos reflejos. Si le llega a dejar entrar, durante meses su local se habría convertido en el aseo de la zona. Y a cambio de ningún beneficio económico claro. Al menos a largo plazo. Ya que dichos obreros y técnicos estarían allí de paso. No era clientela a la que fidelizar. "De eso nada", se dijo. "Esto es un negocio", pensó. Eutimio no era la persona más simpática del mundo pero era sociable.

Pasó el primer día sin pena ni gloria pero acabo hasta las muelas del sonido, del ruido, de las olas. Así que al cerrar a las 18h el local, se dirigió a un centro comercial lejano a comprar un aparato de música con cuatro altavoces inalámbricos con asas para colgar en los postes de la terraza. Cómo podía haberse olvidado de dicho tema, se dijo. Pero su actitud proclive a la excelencia había conseguido que se adaptase al mercado y mejorara de manera continua su negocio. Así pues desde su segundo día, el negocio contaría con música ambiente tanto en el propio local como en la terraza. Buena inversión. Las olas para los peces y su sonido del oleaje para cuando el local estuviese cerrado.

Llegaron su segundo y tercer día en pleno mes de febrero. Nadie. De hecho el tercer día sólo descongeló 3 Barras de pan, y en el hueco de dichas Barras de pan infructuosas fue colocando naranjas para congelar. Aunque las naranjas las compraba por sacos de 10 kilos, no era cuestión ni de tirar mercancía a la basura ni de quedarse sin la única bebida de su oferta.

Al menos había estado entretenido con la música y llegó a decidir la cadena de música que en banda FM sería la definitiva para ambientar el local.

No tenía el ánimo bajo, sino que mantenía su misión y su visión como la del primer día. Tenía resiliencia, o lo que es lo mismo, resistencia ciega a los fracasos continuos. No se conquistó Roma en un día. Llegarían los clientes. Además otro de sus libros de sobremesa "La buena suerte" le había dejado claro que persistir en una idea buena era lo correcto aunque generara dudas en los inicios.

"El que gana nunca abandona y el que abandona nunca gana" Era una frase que conocia de algún curso que recibió en su empresa aunque desconocía su origen.

Su cuarto día fue muy movido. Sobre las 11h de la mañana le visitó un comercial de Coca Cola. Fue muy amable y pidió su zumo de naranjas y su media tostada de jamón completa. Su primera pregunta mientras degustaba en barra el almuerzo que le ofreció Eutimio fue muy clara. ¿A quién le compraba los refrescos?. Eutimio entre risas le contestó que a nadie y que así seguiría. El comercial de Coca Cola no daba crédito. ¿Iba un Bar a no disponer de ningún tipo de refresco aunque se escribiera Var?. Ni los extraños Gastrobares ni las Creperies llegaban a tal nivel de extravagancia comercial. Tras una discusión comercial amable e infructuosa para ambos durante 20 minutos, el comercial de Coca Cola le dejó su tarjeta y le aseguró que se pasaría cada semana por si necesitaba algo. Eutimio respondió con un "quién sabe" ya que esperaba contar con ese comercial como cliente semanal ya que se percató de que el comercial le pidió el ticket de la consumición.

También aparecieron comerciales de cerveza (hasta cuatro en una semana) y de diferentes proveedores de suministros de hostelería. Pero Eutimio tenía su oferta cerrada y sus proveedores claros. Ni uno más. De dichas visitas había conseguido las correspondientes tarjetas de visita y pudo ofrecer su exquisito almuerzo a unos cuantos. Había hecho caja y se había estrenado en el servicio. Había sido, en palabras propias, excelente. Jamón cortado con delicadeza y sin prisas, el pan en su punto y el zumo con la pulpa justa. A todos les había encantado y no habían dicho nada del precio. Todos le habían dado ánimo en su proyecto. Lo que no había recorrido aún eran los 3 metros que separaban la contrabarra de la primera mesa de la terraza, ya que todos los primeros clientes al ser comerciales tomaron el desayuno en Barra.

Pero lo mejor de aquel cuarto día fue una visita que él siempre consideró como su primer cliente real. Se trataba de un futuro nuevo vecino que supervisaba las obras de su piso. Piso del que harían entrega de llaves en menos de un mes. "Veinte vecinos, clientes seguros a los que habría que mimar y fidelizar" pensó Eutimio. La fidelización real, según sus lecturas, le otorgaría recomendación segura en caso de que la oferta fuera de su agrado y el trato fuera amable y cercano.

Esos 20 vecinos vivirían en breve en Torre Benacantil, una torre en primera línea ubicada justo arriba del Var Eutimio y ese primer cliente viviría en la cuarta planta. Era un hombre maduro de aspecto aseado, culto y educado. Se deleitó con su almuerzo completo en la terraza mientras atendía su teléfono móvil mirando al mar. En ocasiones observó Eutímio que se levantaba para seguir hablando al borde del mar. No era por vicio. Tal vez su música estaba demasiado fuerte para la conversación. Así pues bajó el volumen de los altavoces de la terraza, lo que seguramente el cliente agradeció ya que sonrió en ese instante a Eutimio mientras seguía al teléfono. Lo primero el cliente y su satisfacción. Adecuarse a él, era hacer marketing.

Cuando Eutimio se acercó a traerle la nota y a preguntar si todo había estado de su agrado, su primer cliente real le pidió "un cortado descafeinado… si se fija".Se quedó muy sorprendido y, yo diría, que hasta decepcionado ante la explicación de Eutimio. A lo que el cliente respondió comprensivamente "es lógico, acaba usted de abrir y no tiene aún la cafetera…¿la tendrá tradicional o va a instalar una de cápsulas para servicios puntuales?"

Cuando Eutimio le argumentó su modelo de negocio y los beneficios de su zumo de naranjas valencianas, el cliente educadamente le dio su aprobación. Aunque se quedó sin su cortado descafeinado.

Eutimio ante aquel cliente, del que seguro que volvería a tener noticias ya que en breve sería vecino de inmueble, ofreció su mano presentándose como Eutimio Nadamás. El primer cliente le estrechó la mano y se presentó como Fran Quizás, consultor de marketing retirado.

¡Consultor de marketing!. Aquí había tema!!!! Madre mía. No podía tener más suerte en su cuarto día. Seguro que harían buenas migas y como quien no quiere la cosa, Fran le iría dando consejos para mejorar su actual marketing. Un marketing que aún no había producido sus efectos pero que estaba más que meditado y sería un caso de éxito.

HENRY GOODMAN

FIN DE LA PRIMERA SEMANA Y LIGEROS AJUSTES

Acababa su primera semana y el balance había sido bueno. En primer lugar porque él se había sentido cómodo en el quehacer diario y se sentía un emprendedor realizado.

En segundo lugar había servido 18 almuerzos, una cifra irrisoria en comparación con el punto muerto que debía alcanzar. Dicho punto muerto estaba situado en 400 almuerzos completos a la semana. Pero era el arranque y precisamente era un periodo de prueba para mejorar los temas claves y para hacer repaso. Como con la mejora de la música, también pensó en otras mejoras. Desgraciadamente había tenido mucho tiempo para pensar a pesar de las continuas visitas de comerciales.

Antes de nada decidió no hacer más "table ten" ya que salían todos volando incluso con piedras dentro. La carta era sencilla y él mismo la explicaría a cada nuevo cliente.

En primer lugar iba a aprovechar ese mes y medio hasta semana santa para hacer datamining. Crear su perfil en FaceBook y en Instagram con fotos propias. Iba a hacer su propia web presencial tras adquirir el dominio www.Vareutimio.es. Iba a pensar en el texto del anuncio en radio que un comercial de la radio local le había ofrecido de manera gratuita. Nada más y nada menos que 6 spots gratis como regalo de inauguración. Y sin compromisos.

Aún no era momento de hacer contabilidad analítica de explotación, su especialidad, porque no tenía datos suficientes.

El datamining se lo ventiló en media hora. De los 18 almuerzos servidos, todos habían sido completos. Lo esperado. Cómo renunciar al zumo o cómo renunciar a la tostada o cómo renunciar en el caso de tostada al jamón.... Los almuerzos se habían servido todos entre las 10 y 12 horas. Dato esperado también pero al ser una cifra tan pequeña sobre la que sacar conclusiones no debía tomar aún decisiones. De los 18 almuerzos, diez habían sido de comerciales. Era buena cifra ya que dichos comerciales vendrían regularmente por la zona. Tres servicios fueron de futuros propietarios de las viviendas del bloque. Entre ellas estaba Fran que había venido un par de veces. Los otros 5 había sido de oficios de la zona. Un arquitecto técnico, un oficial del Ayuntamiento, dos técnicos de electricidad, y un cartero. Todos pagaron.

En cuanto al sexo de los clientes eran 50/50. Como era de esperar. La franja de edad, a ojo, se situaba entre 30 y 55 años. En todo caso era un dato que no le aportaba nada pero lo anotó en su particular data mining. La inteligencia artificial debía hacer lo que la propia no alcanzaba. Por eso registraba y explotaría sus datos. Datamining, vamos.

Por último la satisfacción media era excelente. Nadie se había quejado. En cuanto al grado de fidelización era pronto para sacar conclusiones puesto que era su primera semana y sólo había repetido uno. Pero a nadie le habría dado tiempo a recomendarle.

El perfil en RRSS lo hizo rápido y pidió amistad y "me gusta" a sus más de 35 contactos en dichas redes. De hecho en Instagram era nuevo pero había linkado los contactos de Facebook. Había recibido 13 "me gusta" y 22 amistades.. Vaya amigos más secos tenía, pensó.

La web la dejó para más tarde ya que pretendía hacerla bien. Comenzó por los textos que aparecerían en dicha web. Sus inicios, sus lemas, y los beneficios de su menú. Todo ello adornado por fotos de sus productos. No fotos de banco de datos. Fotos hechas con su móvil. No quería dar la imagen de caro.

El anuncio en radio lo había terminado. Rezaba así la futura cuña: "Var Eutimio, reciente apertura. En pleno Nuevo Paseo Marítimo. El mejor jamón de Teruel, el mejor aceite de Oliva virgen de Jaén y las mejores naranjas nacionales harán que vuelvas. Eutimio ¿Qué quieres almorzar hoy?".

De fondo se oían gaviotas. En fin, 6 cuñas seguro que atraían clientes. Se vería en la próxima semana.

No había tenido a ninguna familia con niños, ni a ninguna pareja. Era lógico. Era el mes de febrero y hasta la festividad del día del Padre no se vería por allí una muestra de lo que seguro sería su clientela habitual.

Respecto a su familia tenía un pacto. Ni su familia le preguntaría por la marcha del negocio ni él se llevaría problemas del negocio a su casa tras la jornada. En el caso de Eutimio la regla se cumpliría ya que era soltero.

LOS CIEN PRIMEROS CLIENTES

Ya había arrancado el mes de marzo y en menos de una semana sería el día del Padre, que precisamente este año caía en viernes. Estaría preparado para dicho puente ya que se estaban firmando las escrituras de las primeras viviendas del bloque donde estaba situado su negocio y aunque de los veinte vecinos parece que sólo iban a trasladarse para vivir antes del verano seis propietarios, los otros vecinos se dejaban caer por la zona para poner sus carteles de "se alquila" o "última vivienda" en el enrejado de la propia obra. Se trataba de inversores que compraron en plano y que ahora pretendían hacer negocio ya que el Nuevo Paseo Marítimo era casi una realidad. Sólo había dos familias con niños que se trasladarían en pleno verano para no tener problemas con el transporte escolar a final de curso.

De los cien primeros clientes que en esas 5 semanas había atendido, había de todo. Pero gracias a su datamining lo tenía claro y le servía para conocer a su clientela. La base del marketing.

Tenía todo analizado e incluso lo registraba en una hoja Excel.

Como prometió, el comercial de Coca Cola pasó todas las semanas. Insistió sin agobiar sobre su refresco estrella y sobre el té frio embotellado o incluso sus zumos. Pero nada de nada. Eutimio tenía su proyecto. Y así se lo aclaró al comercial de refrescos. "¿Tu empresa vendería tostadas?. Pues yo no compro refrescos. Son mis inicios. Dejadme equivocarme"

Era 13 de marzo y ocurrió algo que no tenía nadie previsto. Justo cuando acababa de llegar Fran, su cliente "estrella", comenzó a llover con tal intensidad que tanto él como Fran se tuvieron que refugiar en el angosto local, dejando la terraza a su suerte. Era una gota fría. Se fue la luz y descubrió una pequeña gotera. Una suerte, pensó. Ya que de no haber tenido aquella gota fría tal vez la gotera la hubiera descubierto con el local lleno de gente.

Así pues se quedaron dentro del local Fran y Eutimio, sin luz. Pero eso no era problema para su negocio. Si había suficiente pan descongelado y horneado, no necesitaba electricidad para cortar jamón ni para exprimir naranjas. Y lo de descongelar el pan se arreglaba con tiempo sin luz. Era un genio

Lo cierto es que si duraba mucho la gota fría, perdería el pan congelado que tenía guardado.

Era un momento que ni en sueños podía haberse imaginado. Disponía de un consultor de marketing cautivo. El colmo de las suertes.

Tras unos primeros minutos en los que ambos hablaron sobre el tiempo, la gota fría y cómo se iba a poner el tráfico en la ciudad, llego un silencio que Eutimio aprovechó para intimar preguntándole directamente a Fran. Qué le parecía su negocio y, en base a su experiencia y sus conocimientos, qué grado de marketing estaba realizando en su proyecto.

Mientras lanzaba la pregunta repasó los temas que tal vez a Fran se le habían pasado por alto: su perfil en Facebook y en Instagram, su recién inaugurada web, su campaña de radio, y sobre todo su explotación de datos. Su "V" del Bar. Además le dejó caer que la tipografía del cartel comercial era Broadway. Algo que a Fran no se le había pasado por algo. Desde luego llamaba la atención. No olvidó comentarle su tremendo acierto al haber reaccionado desde el minuto uno con su cadena de música. Algo que no estaba en el plan previsto inicialmente.

Fran fue sincero pero tremendamente prudente y discreto. Contestó de una manera tan sincera y campechana que a Eutimio le llegó a herir. Le dijo textualmente. "Mira Eutimio, se te ve ilusionado y desde luego eres muy proactivo por lo que me acabas de contar. Tu Var es cojonudo tío". No era el análisis que esperaba de un experto.

Pero Fran notó la decepción en el rostro de Eutimio, con el que ya tenía una mínima confianza. Y reaccionó ampliando la información. Continuó diciendo "Mira Eutimio, si lo que quieres es un feedblack más riguroso te diré que me falta información para concluir si haces marketing, si es a lo que te refieres".

"Por supuesto", le espetó Eutimio. "Si te soy sincero he esperado todo este mes y medio para hacerte esa pregunta". Y continuó diciendo "he leído mucho sobre marketing y creo que lo estoy poniendo en marcha aunque los frutos se verán a medio y largo plazo. Como dice el libro "La brújula interior "no se van a ver de inmediato". Mi pregunta es directa .¿Estoy haciendo según tu experiencia buen marketing? Si o no"

Fran le contestó como buen consultor con otra pregunta " ¿qué entiendes tú por marketing?"

Eutimio le contestó sin pestañear "Para mí, y espero que para todo el mundo, marketing es hacer los negocios bien, atendiendo a las necesidades de los clientes. El cliente es lo primero"

Fran se paró a pensar ya que no quería volver a decepcionar a Eutimio con una respuesta que pudiera parecer seca. "Eutimio, sinceramente en más de 30 años de experiencia no conozco a ninguna empresa que haga marketing"

Vaya sorpresa se acababa de llevar Eutimio. No podía ser. Él había leído de "pé a pá" todas las obras de Kotler y estaban llenas de casos de éxito en marketing. Tal vez, pensó, Fran sea un fracasado en su profesión.

Fran continuó, "el marketing es puro oportunismo. Si, así es. Aunque la palabra suene mal. El marketing consiste en descubrir o tropezarse con una oportunidad de negocio basada en satisfacer una necesidad no cubierta por nadie hasta el momento. Y hacerlo de manera rentable para ambas partes". "Pero no te olvides de dos cosas. La primera es que como te digo es una filosofía de hacer negocio y de entender el negocio. Negocio. No otra cosa. Algo rentable y que al primero que debe satisfacer es a la cuenta corriente de quien lo ejecuta. Como dijo Steve Jobs, "si quieres hacer a la gente feliz, vende helados" ….Esto no lo debes olvidar. No se hace marketing para hacer feliz a la gente. Se hace para ganar dinero haciendo la vida más fácil o agradable a la gente que está dispuesta a pagar por ello".

"La segunda cosa que te debes preguntar es si el marketing nace o se hace. Muchas veces, sobre todo en los libros sobre marketing, en los que sólo se habla a toro pasado de casos de éxito bien argumentados, el emprendedor detecta una oportunidad para hacer la vida más fácil o alegre a gente que está dispuesta a pagar por ello y lo hace. Pero en la gran mayoría de ocasiones, una vez creado un negocio en concreto, el emprendedor detecta las necesidades no satisfechas completamente por su oferta y adecua su oferta a su clientela actual y potencial de manera progresiva y por supuesto rentable"

Eutimio estaba contrariado. Por un lado estaba satisfecho porque su "gurú" particular acaba de despertar, pero por otro lado le había dejado con un palmo de narices con la parrafada que le había soltado-

"¿A cuálo?" preguntó entre risas Eutimio, lo que provocó una carcajada de ambos que acabó en un abrazo cordial entre lo que ya se intuía como un buen par de amigos. "Que circule el aire Eutimio" dijo en tono jocoso Fran ante el abrazo tan efusivo de Eutimio.

Tras la risa que se alargó en el tiempo le dijo Eutimio que no había entendido nada en concreto pero que le agradecía la escucha y los consejos. "Yo solo pretendía que me dijeras en tu opinión si hago bueno o mal marketing"

"Mira Eutimio", añadió Fran "tienes un local bien ubicado en una zona con gran potencial y discreto presente, unas ganas tremendas y una oferta diferente y de buena calidad. Es una oferta asequible, atractiva y accesible para el que pasa por la zona. Ofreces un buen almuerzo mediterráneo y aunque la gente puede verse contrariada al descubrir que sólo sirves zumo de naranja y tostadas de aceite con jamón, es tu oferta. Tampoco en Audi sirven tostadas y nadie se enfada. Pero no creo que estés haciendo marketing a pesar de tus campañas de radio, tu presencia en RRSS y tu análisis muy discreto de la clientela".

"Te propongo algo" continuó Fran . "Quiero que escuches todos los días la canción de José Luis Perales titulada "Y quién es él". Y cada vez que recorras el camino hacia la terraza para tomar nota de la comanda y para traer y llevar los almuerzos, recuerdes dicha canción y tú mismo analizarás si haces o no marketing. "

"Te quiero aclarar una cosa. No existe el mal o el buen marketing. El marketing, siendo algo muy difícil de hacer, es lo mejor para un negocio. No es posible, si se hace marketing, hacerlo mal. Hacer marketing implica que se hace bien el negocio en cuestión. Es como marcar goles. Los hay bonitos y feos, pero los goles si suben al marcador son todos buenos". " Salvo los en propia puerta" contestó ágil Eutimio. " " Incluso esos dan espectáculo" dijo Fran para culminar su conversación.

Había dejado de llover aunque el paseo se había quedado anegado. Había resultado una charla más que interesante y Eutimio se quedó más que satisfecho. No sólo escucharía dicha canción nada más recoger la terraza, sino que la memorizaría.

Se despidieron hasta la semana próxima en la que aprovechando el puente del Dia del Padre, Fran con total seguridad volvería a instalarse en su nueva vivienda.

En eso llegó un comercial de una agencia de marketing.

"Vaya día más intenso", pensó Eutimio. Se llamaba Oletú. Le ofreció todos sus servicios a Eutimio. "Caballero le ofrezco desde investigación de mercados, pasando por diseño de logotipos , Branding o desarrollo de marcas, estudio de la competencia, análisis de la oferta, creación de web. Análisis SEO y estrategia SEM. Planificación estratégica y eventos". Paró un momento para respirar y continuó. "Selección y formación de fuerza de ventas...y servicio de impresión de tarjetas de presentación".

De modo socarrón Eutimio le preguntó si no hacían e-commerce y estrategia de posicionamiento, a lo que Oletú respondío sobriamente y poniendo cara de seriedad " es nuestra especialidad".

Eutimio le preguntó cuantos empleados tenía su agencia para dar esa cantidad de servicios.

Oletú, cansado de malvender, tuvo un momento de debilidad y le fue sincero al Eutimio diciéndole que estaba él sólo pero que todo lo subcontrataba.

Eutimio lo invitó a un zumo de naranja y le agradeció su visita. Jamás volvío por allí.

◆ ◆ ◆

LOS PRIMEROS TRES METROS DE MARKETING

Al día siguiente a la conversación con su amigo Fran y con las obras de la zona paralizadas por la riada y con el Nuevo paseo marítimo anegado aún, estaba claro que no iba a tener mucho lío por lo que decidió dedicarse tras limpiar los cristales de la terraza, a estudiar la canción de José Luis Perales.

Decía así: "Mirándote a los ojos juraríííí a/ que tienes algo nuevo que contarme/ Empieza ya mujer no tengas miedo/ quizá para mañana sea tarde; BIS; ¿ Y cómo es el él? / ¿en qué lugar se enamoró de ti? / ¿de dónde es? / ¿a qué dedica el tiempo libre?/ Pregúntale / ¿Por qué ha robado un trozo de mi vida? / Es un ladrón, que me ha robado todo"....

Eutimio creía que con esa entrada era más que suficiente y la escribió en una carpeta. Además añadió " Arréglate, Abrígate, te sienta bien ese vestido gris, Sonríete , Perdóname si te hago otra pregunta"

La leyó y la escuchó más de treinta veces seguidas. La verdad es que no sabía por qué su amigo Fran le había recomendado aquella canción. Canción bonita sin duda.

"Está claro", se dijo a sí mismo. "Lo importante para hacer un buen marketing (Bueno, marketing a secas en todo caso como dice

Fran) es preguntar a todos y cada uno de los clientes cómo están, de dónde vienen, a qué se dedican, y alagarles diciendo que van bien vestidos o bien recomendarles que se abriguen si hace frio.

Claro que sí. Estar interesado de una manera crudamente rentable por todos aquellos clientes.

Es cierto que cada vez que se sentaba alguien en su terraza, recorría 3 metros y les ofrecía su oferta. Tostadas con aceite virgen de Jaén con Jamón de Teruel y zumo de naranjas Valencianas. El detalle del tomate pera de Almería triturado lo dejaba como anexo. Era excesivo.

Mientras tomaba la comanda, generalmente Eutimio se dedicaba en cuerpo y alma, y sin perder la serenidad, a argumentar las bondades de su oferta gastronómica, e intentaba contra-argumentando eludir contestar a preguntas o quejas como la típica de si no hay café, si no hay otro tipo de zumos, si no hay refrescos, si no hay agua, si no tiene microondas para calentar un biberón, si no tiene wifi, sino tiene menú para comer, o si no hay otro Var por la zona……

Era agotador pero estaba educando a su clientela y ya que no había más local abierto que el suyo, la clientela no tenía más remedio que probar con su almuerzo. Y sí, estaba bueno. Nadie le puso jamás pegas a la calidad de su producto, o a la rapidez en el servicio o al precio de su oferta. Toda la clientela salía satisfecha de su local.

Y si se habían ido satisfechos con seguridad repetirían y lo recomendarían. De hecho, ya le sonaban algunos clientes que habían repetido. Ciertamente eran clientes que habían repetido con alguna impertinencia. Frases como "es verdad, el local sin café" "se me había olvidado, Eutimio, el Var sin agua"

Pero si quieres hacer marketing no puedes ponerte a la altura de clientes desagradables. Todo el mundo tiene dos malos minutos o un mal día. Incluso había clientes que les notaba que habían llevado una mala vida.

Lo que iba a empezar a hacer desde ya, era que cuando acabara el suplicio de argumentos y contraargumentos al ir a tomar las notas en las mesas, al llevar sus tostadas con zumos de naranja a cada mesa, les preguntaría lo que reza la canción. ¿de dónde son ustedes? ¿ a qué se dedican? En el caso de parejas les preguntaría ¿en qué lugar se enamoraron? Y ¿a qué dedican el tiempo libre?

Por supuesto no se olvidaría de decir a todos los clientes "le sienta bien ese vestido. No se vaya a enfriar. Abríguese"

Llegó el día del Padre. Eutimio llevaba desde la apertura del local dos jamones cortados, 25 botellas de aceite y más de 150 kilos de naranjas servidas en sus primeras seis semanas abierto. Ni un corte en las manos.

Pero hoy iba a ser el día de arranque. Se había tratado sólo del precalentamiento. Hoy tras ese fin de semana con puente donde casi seis vecinos se instalarían, y muchas familias vendrían a ver el Nuevo paseo marítimo evitando el atestado y verdadero paseo marítimo histórico, comenzaría la semana santa. Eran unos 12 dias en los que Eutimio pretendía consolidarse como negocio y darse a conocer de manera rotunda.

Además dominaba el corte de jamón, ya conocía el perfecto funcionamiento del horno de pan y tenía ante un imprevisible corte de luz varias Barras horneadas de antemano. La destreza exprimiendo a mano las naranjas era estupenda.

Pero lo más importante es que acababa de hacer una campaña gratuita en radio y disponía de una web propia .Estaba al día en RRSS. Tenía su perfil en Facebook y en Instagram. Pero la clave es que haría lo que Fran le había recomendado. Haría marketing. Decir marketing del bueno era una redundancia. Preguntaría y se interesaría por su clientela.

Los primeros clientes aterrizaron más tarde de lo esperado. Es lógico. Era un viernes festivo. No se tenía por qué madrugar. De hecho era una suerte. A partir de las 11 todos llevan ya el café puesto de serie.

Además llegaría todo tipo de clientela por lo que debía estar preparado para todo.

Entre 11 de la mañana y las 14:40 no paró. Estuvo sirviendo a diestro y siniestro y rotando mesa tras mesa.

A decir verdad era difícil eso de hacer marketing. Cuando tienes la terraza llena, no das abasto cortando jamón y exprimiendo zumos, te hacen algún "simpa" y se te queman algunas tostadas. No, no es fácil preguntar a los clientes de dónde viene, dónde se enamoraron y menos aún decirles lo bien que les sienta ese vestido gris. Sobre todo cuando el vestido ni es gris ni le sienta bien.

Pero lo más importante es que en aquellos 3 metros que separaban las mesas a servir de la Barra de preparación, sólo le daba tiempo a morderse la lengua ante todas las protestas de los clientes.

Aunque ya de manera educada solía rebatir las quejas de clientes ante la falta de agua, refrescos o café con una frase oportuna: "usted tampoco podría tomar paella en una Creperie…." O bien "Usted tampoco puede tomar un zumo natural de naranja en un restaurante Japonés"….

Tal vez fuera eso lo que le quiso decir Fran. Ahí está. Su amigo era un genio sin duda. Tras esa jornada intensiva y más que rentable, en aquellos 3 metros había generado una serie de medidas que eran, a su parecer, marketing puro. Sino quería clientes protestones y por tanto insatisfechos o decepcionados o incluso clientes que no lo recomendarían debía colocar desde el día posterior al Día del Padre unos carteles bien grandes donde se dejara más que claro que NO HABÍA AGUA MINERAL, NO SE SERVIA CAFÉ Y NO HABÍA VENTA DE REFRESCOS.

Con dichos carteles, como suelen hacer las grandes empresas para aclarar hasta el más mínimo detalle sobre los ingredientes de sus productos y de su oferta, aclararía a todas las personas antes de sentarse en su terraza qué es lo que no debían ni preguntar y por tanto qué es por lo que no debían ni discutir, ni insistir ni enojarse.

El segundo día, y fue la tónica hasta el final de la semana santa, hizo muy buenas cajas, acabo con su primer pedido de jamones de Teruel, terminó agotado diariamente pero satisfecho y hubo muy pocas críticas o reproches a su oferta.

De esa manera sólo respondería a las preguntas curiosas pero no a las quejas impertinentes. A las preguntas de porque no había tal o cual cosa, como el cliente ya estaba advertido de antemano, la respuesta era clara. Describir las ventajas de los nutrientes de la dieta mediterránea tal y como la concebía Eutimio.

Durante aquellos cientos de 3 metros recorridos, tuvo la suerte de volver a hacer marketing. Anotó varias ideas que le aportaron los clientes. Una de ellas es que eliminara la palabra VAR EUTIMIO y la sustituyera por TOSTAS Y ZUMOS MEDITERRANEOS EUTIMIO. La otra que más le llamó la atención es que bajo el cartel de Var Eutimio colocara el claim de "Menos es Más". Muy creativa la clientela.

De hecho escuchar sugerencias es una técnica del marketing. Integrar a la clientela en la cadena de valor y en las decisiones sobre la oferta de la empresa era sano. Era marketing. No asumible pero sano.

Cuando acabó la semana santa, volvió la rutina pero con una actividad mayor que la inicial allá por febrero.

Echaba en falta a Fran y a los vecinos ya instalados en su propio inmueble, pero por el razonamiento de algunos de los pocos clientes que lo visitaron, al vivir tan alejados del centro no tenían tiempo para comenzar a desayunar a partir de las 9 de la mañana. Y en caso de poderlo hacer antes, era más sencillo desayunar en su propia casa recién estrenada o en el destino. Cerca de su trabajo.

Y si les apetecía tomar tras la jornada un picoteo o unas cañas con sus amigos....Bueno, en ese caso ni estaba abierto Var Eutimio, ni servía más que lo que servía.

Una de las mejores decisiones que tomó una vez acabada la semana santa fue aprender una frase para deshacerse de todos los comerciales que pasaban semanalmente para intentar cambiar su negocio o su misión.

Estaba claro que no iba a estar dispuesto a perder tiempo con ellos. Por ello se aprendió una frase letal para todo vendedor que se precie. Cuando alguien entraba en el local preguntando por el propietario o el encargado Eutimio les decía: "Presente!. Ni quiero, Ni compro, Ni pago"

Era una verdadera estacada al corazoncito de cada comercial que se acercaba con la honesta intención de abrir mercado y de tener un cliente asegurado para temas tan básicos como refrescos, cerveza, agua mineral, suministros de hostelería, menaje, verduras, conservas, pescado, tabaco, etc.

A todos y cada uno de los que se acercaba les gritaba: "Presente!! Ni quiero Ni compro ni Pago."

Acto seguido les estrechaba la mano y les invitaba a pedir un desayuno mediterráneo.

No recuerdo bien el día en el que se acercaron en un flamante coche de alta gama un comercial que le había visitado en varias ocasiones junto al que se suponía que era su jefe inmediato.

Así era. Se presentaron como Pin y su jefe como Pon. Tras entregarle a Eutimio sendas tarjetas de empresa, Pin y Pon le espetaron que estaban dispuestos a renovarle la terraza cada año incluyendo mesas, sillas y sombrillas. A aportarle 5.000 € por incluir la imagen de su cerveza en un nuevo rótulo para su negocio, y a adelantarle 15.000 € por el hecho de comprometerse con ellos a gastar 300 barriles de su cerveza premium en los siguientes 5 años- Harían una excepción son su caso y no le obligarían a aportar aval bancario.

Para Pon, se trataba de una apuesta estratégica ya que no tenían una cuota de mercado buena en el Paseo Marítimo Histórico y era la manera de entrar con buen pie en el futuro eje comercial de la ciudad. En menos de 2 meses arrancaba el verano y más de 3 locales comerciales iban a abrir. Según sus indagaciones un local era una panadería, el otro era un local de hostelería y el tercero iba a ser una agencia inmobiliaria.

Pero pasado el verano se esperaba abrir al menos 2 locales más de hostelería ya que según los datos de Pon, si en diciembre se estimaba que vivirían allí cerca de 200 personas era lógico que hubiera una oferta hostelera acorde con la media de nuestro país. "Incluyendo en dicha media los dos locales que se traspasarían por fracaso antes del próximo verano", dijo por lo bajo Pin

A pesar de que Eutimio les explicó su pasado, su proyecto y su fiel creencia en su oligopolio diferenciado, Pin y Pon le aseguraron que su departamento de Trade Marketing se ocuparía de manera desinteresada por su proyecto y le darían todo lo que precisa en cuanto a marketing se refiere-.

" He leido algo sobre trade marketing" dijo Eutimio " ¿de verdad tienen ustedes un departamento de trade marketing?".

"Ya lo creo" dijo Pon. "Son profesionales jóvenes y algo callados pero hacen las mejores promociones del sector. Además te debes llevar bien con ellos ya que son los que tiene la pasta"

"Lo que viene a ser un departamento de promociones Eutimio " aclaró Pin-.

"¿Entonces no harán conmigo un plan personal?" Preguntó Eutimio

"Si tuvieran que hacer un plan con cada cliente no acabarían. Pero te apoyarán porque tienen planes para ayudar a todos los clientes por igual". Aclaró Pon.

Por ejemplo, aclaró Pon que su local se llamaría Eutimio y harían Co-branding con El Colmo que era su marca de cerveza. El co-branding consistía en unir dos marcas para que ambas se beneficien de las ventajas que ve en ellas el consumidor. Generalmente una de las marcas se beneficia más que la otra.

"Eutimio Tostas y Zumos mediterráneos, patrocinado por cervezas el Colmo" sentenció Pon mirando al cielo.

Le ayudarían en RRSS, le incorporarían a portales de reservas y promoción de locales de hostelería, le aportarían promociones para el consumidor final, le decorarían el local acomodándose a su estilo propio, y lo incluirían en su portal de Miguelón. La guía gastronómica más reconocida en la zona. Además le dejaron caer una idea en la que no había caído Eutimio. Le ofrecían 500 € a año para hacer pequeños displays para que pudiera promocionar su local dejando dichos folletines en los limpiaparabrisas de los vehículos de la zona…

Lo único que debía hacer Eutimio era dejarles colocar su grifo en el mostrador, recibir cada semana dos docenas de copas de cerveza personalizadas con su nombre y firmar el contrato. Además Pin haría un buen reportaje fotográfico tras el montaje para justificar su inversión en la empresa.

Ya llevaban dos horas con Eutimio y la falta de alcohol estaba haciendo mella en Pin y sobre todo en Pon.

Estaban por mandar a Eutimio a freír espárragos pero Eutimio tenía ciertas dudas. Jamás había estado tan cerca de cambiar su idea original…..

En un momento dado Pon se levantó súbitamente (parecía una técnica aprendida en algún curso de cierre de ventas) y le dijo a Pin: "Pin, vamos a dejar a nuestro amigo Eutimio para que se tome unos minutos para pensar nuestra inusual oferta y nos fumamos un cigarrito". Pin no puso pegas y se levantó echándose mano al paquete. De tabaco.

Eutimio vió un buen gesto el giro de Pon. Mientras se alejaban hablando tapándose las bocas como hacen absurdamente los futbolistas, Eutimio leyó lo que en ambas tarjetas de presentación ponía.

Se podía leer "Pon Perfilalto. Jefe del Hacerhacer. Grupo cervecero el Colmo. Ámbito neutro"

En la tarjeta de Pin se leía "Pin Perfilbajo. Dpto Másqueventasdesarrollo. Grupo cervecero El Colmo. Zona Potencial"

No sabía lo que era el puesto de Hacerhacer pero por el coche deportivo que se gastaba el señor Pon, debía ser un buen puesto. Y en cuanto al departamento Masqueventasdesarrollo no había nada qué decir.

Se quedó con la mente en blanco viendo claramente que ninguno se había interesado por el tipo de jamón servido ni por la pulpa de la naranja tan cuidadosamente diluida en el zumo. No les interesaba su negocio. Les interesaba vender, vender y vender. Para eso ya estaba él, se dijo así mismo.

Por un momento dudó pero se levantó y dijo en voz alta: "Ni quiero, Ni compro Ni pago!!!"

Y así concluyó la reunión. Mientras Pin y Pon lanzaban las colillas al firme y se alejaban del Bar. Perdón del Var.

Aunque Pin y Pon se fueron decepcionados y con ganas de meterse un cervezón en el cuerpo, Eutimio creyó haber hecho lo correcto. Hoy empezaba poniendo un grifo de cerveza a cambio de apoyo en marketing, mañana colocaría una cafetera, pasado mañana una máquina de tabaco y finalmente se convertiría en un simple Bar. Y su Var era un Var, no un Bar.

"De eso nada", se dijo orgulloso, a sí mismo.

Hacía casi un mes que no veía a su amigo Fran, y de repente como por arte de magia apareció.

Que buena sorpresa. Cuantas cosas tenían que hablar.

Fran llegaba a medio día y como tenía la cocina averiada, iba a improvisar comiendo en casa de su amigo Eutimio. No hay nada mejor que saber a ciencia cierta lo que vas a comer ese día en el que te han fallado los planes. Además elegir entre carne o pescado, arroz o pasta era muy cansado.

Llegó a final de mañana con la idea de comer junto a Eutimio sus famosas tostadas de aceite virgen de oliva de Jaén con jamón de Teruel y varios zumos de naranja.

Así sobre las tres podría esperar al mecánico de cocinas.

"Bueno Eutimio" dijo Fran, "en primer lugar quiero disculparme porque con el traslado, el trabajo y la semana santa no he tenido tiempo de tomar nada en tu negocio. Además en dos ocasiones intenté acercarme pero tenías la terraza completa y no te diste cuenta. Se te veía muy muy atareado. Cuéntame cómo te ha ido en este tiempo de tanto trabajo y si te has acordado de la canción que te recomendé que tuvieras presente en los tres metros que separan la terraza del Var"

❖ ❖ ❖

SEGUNDO ROUND

Eutimio le contó de manera densamente resumida que el negocio marchaba. Que asumía que funcionaba porque era el único bar, aunque ya sabía de buena fuente que en breve serían dos o tres bares en una zona aún si habitar por completo. Que tenía gran destreza en la faena de corte de jamón, tueste de tostadas, enplatado y servicio de zumos de naranja. Eran curvas de aprendizaje que tenía ya previstas.

También le contó que dominaba el arte de rebatir las quejas de los clientes. Con frases certezas donde dejaba claro que su negocio era ese y no otro.

Le adelantó que en breve pondría unos grandes letreros donde avisaba de lo que NO TENIA en su Var para que no decayeran las expectativas que cualquier cliente pudiera haberse creado al ver el cartel de Var.

Estaba al día en RRSS, no pensaba invertir en Radio de momento ya que le aburría el medio, pero sí iba a imprimir unos pasquines para por las tardes de vuelta a casa dejarlo en urbanizaciones colindantes en los parabrisas.

Pero lo mejor es que había puesto en marcha la canción de José Luis Perales. A todo aquel que llegaba a su terraza y si tenía tiempo le preguntaba a qué dedicaban el tiempo libre. En el caso de ser pareja les preguntaba en qué lugar se enamoraron o de dónde venían.

Además si las damas llevaban vestido les decía a todas lo bien que les quedaba el vestido.

Fran estuvo aguantando como un campeón. Aguantando la risa que sin duda le había generado esa última parte del resumen. Pero no quería herir a Eutimio. Sabía que era sensible a las críticas como cualquier apasionado. Además de sensible si llevaba ya varios meses oyendo el ruido del oleaje y oliendo a Jaén en primavera, sería algo susceptible con las risas.

Cuando se repuso, le pidió su almuerzo Premium. Era algo sólo para los clientes VIP. Se trataba de una tostada completa pero con el jamón braseado en el horno y un gran vaso de zumo con toda su pulpa y una cuchara.

"Ah" le dijo Eutimio desde la Barra a Fran mientras preparaba su almuerzo para dos, "lo más curioso es que soy un visionario o eso creo. ¿Te puedes creer que la mayoría de la gente me pide como hiciste tú, que baje un poco el sonido de la música de fondo?. Ya sabía yo que si no lo había tenido en cuenta en mi "bisnes plan" es porque no era necesario".

Tras comer ambos su menú saboreándolo como si se tratara de una mariscada, Fran comenzó a explicarle lo que opinaba.

"Eutimio. Siempre he sido sincero y hoy además tengo tiempo para dejarte un esquema de lo que humildemente pienso de tu negocio, de los puntos de mejora y sobre todo, de lo que parece interesarte más que es la pregunta que siempre me haces sobre si haces bien o mal el marketing"

Fran ni pestañeó. Sacó un bolígrafo y su carpeta de apuntes, donde tenía los resultados de su datamining como si de un libro contable diario se tratara y se dispuso a escuchar.

Fran prosiguió. "Tenemos ante nosotros un negocio de hostelería especializada sin competencia actual en una zona de alto potencial. Su especialidad son de una parte las tostadas de producto autóctono como es el aceite de oliva virgen de Jaén y el jamón de Teruel estupendamente cortado. Y de otra, la mejor bebida que hay en el mediterráneo. El zumo de naranjas valencianas con su pulpa bien diluida. Por tu adiestramiento ya sabes cortar a velocidad el jamón, exprimir y servir los zumos de naranja y hacer las tostadas en su punto. Eres capaz de servir con varios turnos de mesa tus ocho mesas. Tu horario es el que tú has marcado y ciertamente es el mejor horario para el servicio de desayunos y almuerzos de media mañana. El nombre del Var, aunque ciertamente estoy de acuerdo con aquel comentario de tu cliente que te recomendaba cambiar la denominación de "VAR" por la de "Tostadas de Jamón y Zumos de Naranja", es el nombre por el que te reconoce ya la clientela. Los esfuerzos en comunicación los has ido realizando más por el "me-too" y por el "quehayquehacer" que por el objetivo real de la buena comunicación. Disponer de perfil en Facebook o en Instagram sin actualizar contenidos o tener una web presencial sin un contenido que interese a quien en ella entra no tiene mucho sentido pero si te apetece tenerlo yo no te lo voy a negar. Inútil pero asumible. Los precios ya que no tienes competencia los has marcado con la lógica de tener una oferta asequible al público de clase media que frecuenta esta zona. De hecho si los hubieses colocado muy altos ya habrías cerrado y si los hubieses colocado muy bajos ya estaría debiendo dinero a tus proveedores.

Tienes pues el producto, el precio, la ubicación y tu propaganda. Tal vez este último tema es que más dudas me genera y donde con dos pequeños cambios todo queda resuelto".

Eutimio estaba absorto en sus apuntes. Fran le dejó terminar de copiar lo que tan aplicadamente estaba escribiendo. Al acabar, Eutimio levanto su rostro y mirando a Eutimio le dijo "entonces querido amigo tengo ya las 4 "p" de las que tanto se habla en marketing y por tanto mi oferta, salvo alguna mejora en mi comunicación es correcta. Muchas gracias. Dime qué mejoras tiene mi marketing"

Fran sonriendo de manera serena le dijo "No Eutimio. Todos los negocios tienen 4 P quieran o no. La no comunicación es una manera de comunicar también. Todos los negocios cuentan, como cuenta el tuyo, con las 4 P de las que tanto se escribe. Pero eso no es marketing en absoluto. Son los cuatro pilares del comercio .Todo lo que necesitabas saber y poner en marcha sobre el marketing en tu negocio y Todo lo que hacía falta para orientar marketinianamente tu negocio estaba en la canción de Jose Luis Perales. ¿No dices que lo habías entendido?. No veo marketing por ningún lado"

Eutimio se quedó planchado. "No entiendo nada jefe".

Y Fran prosiguió. "Eutimio, nadie monta negocios para hacer feliz a la gente o para satisfacer a la gente. Los monta para tener una actividad en la que gane dinero. Y para ganar dinero hay que dejar satisfechas algunas necesidades no cubiertas. Tu cumples seguramente muchas necesidades que ni te imaginas que cubres. Y en la mayoría de casos ni si quiera tus cliente saben qué necesidad has cubierto o han satisfecho al sentarse en tu terraza y pagar por ello. Satisfaces el hambre, el cansancio, la necesidad de sentarse mirando el mar, la necesidad de hablar con una persona mientras toman algo de beber…. Y lo haces en este paseo marítimo nuevo. Y lo haces de 9 a 16h. Y lo haces a cambio de tus precios".

"Ni tú sabes las necesidades que cubres, pero las cubres ya que más de 500 personas se han sentado y han pagado en estas semanas. Ni ellos sabrían explicar muy bien por qué han pagado lo que han pagado".

"Lo tienes claro? ". Dijo Fran.

Eutimio lo entendió y asintió.

"Lo tengo claro" Contestó Eutimio. "Tengo un negocio que monté para ganarme la vida y con las 4 P de cualquier negocio cubro una serie de necesidades insospechadas por las que me gano la vida."

"Así es Eutimio. Tanto para ti como para el resto de los mortales que tienen una empresa o negocio, pequeña o grande, local o multinacional. Se dedican a fabricar o vender cosas por las que la gente paga ya que les cubre una necesidad. Ya sea dicha necesidad, de primera, falsa, de moda, creada, existente, certera, etc ."

"Pero orientarse al marketing, hacer marketing es otra cosa muy diferente y no conozco a ninguna empresa o empresario que lo haga. De hecho he pensado muchas veces si el marketing es una utopia o una farsa. Lo que desde luego no es, son las 4 P. Eso por supuesto. Y está muy muy lejos de las RRSS que son simplemente nuevas tecnologías para comunicar holísticamente"

Eutimio había dejado de escribir. "Sigue , no pares ahora" le dijo a Fran.

"¿Sigo?. Gracias" Le dijo Fran mientras continuó su arenga marketera. " Verás Eutimio el marketing consiste en tu negocio en concreto en utilizar los tres metros que te separan del cliente cuando los ves sentarse en tu terraza. ¿Cómo los debes utilizar?. Revisando la canción que te aprendiste. Mientras portas la nota de pedidos y te acercas con una bayeta para asear la mesa de los nuevos clientes tienes tres metros para recordar que debes pensar seriamente en ellos. No en tu jamón o en tu zumo ni en lo que piensas decirles, ni en nada que no tenga que ver con ellos. Mientras trazas esos tres metros debes imaginar y desear conocer *MIRANDOLE A LOS OJOS*

MIRANDOLE A LOS OJOS....

1º QUIENES Y CÓMO SON

2º DE DONDE SON,

3º COMO HAN LLEGADO A TU LOCAL

4º A QUE SE DEDICAN

5º COMO TE HAN CONOCIDO.

En ese momento Eutimio comenzó a cantar la canción suavemente y sonriendo a Fran, que se unió a Eutimio en su balada improvisada… " mirándote a los ojos juraríííía que tienes algo nuevo que contarme,…….quizás para mañana sea tarde… y cómo es él, en qué lugar…te conoció,….,de dónde es …a que dedica el tiempo libre

"Creo que lo entiendo Fran" Dijo asombrado Eutimio. "Los tres metros me ofrecen la oportunidad para centrar mi atención hacia el nuevo cliente y mirarle con sinceridad para obtener mientras le tomo la comanda y ofrezco mis productos, una información muy valiosa. Quienes son mis clientes y cómo han llegado hasta aquí o qué les trajo. Y tal vez algún día sepa las necesidades que cubro"

"Así es Eutimio" Añadió Fran." Además la canción deja bien claro que "juraría que tienes algo nuevo que contarme". Esto te recordará que un cliente es un nuevo cliente cada día que se sienta. Por lo que vino ayer no debe ser necesariamente por lo que viene hoy. Cada nuevo cliente es un nuevo cliente aunque venga a diario a pedir lo mismo a la misma hora. Todo cambia. Pensar en el pasado significa no hacer marketing. Conducir mirando el retrovisor es un alto riesgo. Todo es dinámico. Por eso cada vez que te acercas a tu clientela debes poner tus 6 sentidos, los 5 humanos más el del marketing, en conocer bien a quien le vas a ofrecer tu producto y de dónde viene, cómo te conoció y porqué te va a pagar….por qué has robado un trozo de mi vida...."

"Bravo!!! Fran eres ...eres ....eres la pera bananera jope" Dijo emocionado Eutimio. "Hacer marketing es saber quién es mi cliente respecto a mi oferta, cómo me ha conocido o cómo ha llegado hasta aquí y por qué va a pagar lo que va a pagar al tomarse mi desayuno".

"Exacto Eutimio. Unos vendrán porque viven arriba y otros porque van de viaje. Unos quieren esperar a alguien y otros estar solos mirando al mar. La excusa mercantil será tu gran desayuno. Pero sus necesidades debes intuirlas...Pero no te vengas arriba aún quedan los tres metros de vuelta a tu contrabarra"

"No me digas. ¡Sigue por favor!" Le gritó de manera casi grosera Eutimio.

Levantándose Fran dijo, "Pues querido amigo te debo dejar. Son ya las tres y cuarto y aunque he silenciado mi móvil, tengo varias llamadas de los técnicos de la cocina" "creo que por hoy es más que suficiente"

Y levantándose se unieron un abrazo fraternal y por supuesto Eutimio no le dejó ni hacer el gesto de pagar.

Cuando Fran salió del local, Eutimio estaba anestesiado y excitado al mismo tiempo.

Tenía claro que tenía un negocio que llevaba con dignidad y profesionalidad. Era un negocio cualquiera. Lo importante es que estaba motivado y lo dominaba. Estaba en una zona de gran potencial y en breve llegaría la competencia. Realmente asumía que había "vivido de gorra" estos meses ya que sus clientes no tenía más remedio que sentarse en su Var ya que no había otro en menos de 3 kilómetros a la redonda.

Era una demanda cautiva. No fiel. Sólo iban por las razones que fueran, desconocidas en todo caso, a su local. Unos a comer, otros a pasar el rato, otros a leer el periódico sentados, otros a mirar a los demás, otros a aguantar la charla de su jefe, y otros a sentarse en el paseo con sus hijos. Todos necesitaban una parada y un algo para comer y beber.

En todo caso no había hecho de marketing. Sólo se había dedicado como todas las empresas según Fran, a hacer cada vez mejor lo que ya hacían.

Y todos sus esfuerzos se centraban en dos grandes focos.

El primero dominar lo que hacían.

Y el segundo justificar su oferta contra viento o marea.

Eso es exactamente lo que es la orientación a la producción y la orientación a la venta. Lo recordaba de sus muchas lecturas.

Y en cuanto a las RRSS , radio, y carteles varios se tenía que pegar una verdadera pensada ya que no sabía ni lo que hacía ni por qué lo hacía ni con qué intención.

Ni siquiera sabía cuál había sido el efecto.

De hecho tras los más de 500 desayunos servidos, incluidos los 490 servidos con justificaciones de su extraña y limitada oferta, no sabía ni había puesto el más mínimo interés interesado e inteligente en su clientela. Sabía hacer las tostadas y el zumo. Sabía argumentar de todas las posturas posibles su oferta comercial. Y sabía rebatir el por qué no tenía otras bebidas u otro tipo de comida.

De hecho estaba seguro que más de uno de sus clientes había dejado de tomar café de por vida.

Pero no sabía ni cómo habían llegado a su local, ni sabía quiénes eran los que allí llegaban. Sabía nombres y caras pero no sabía por qué se llegaban a sentar allí y mucho menos por qué algunos repetían. No sabía nada de su clientela. Y había andado tres mil metros sin saberlo y sin poner el más mínimo interés en anotarlo.

Todo lo que había anotado en aquella Excel que él llamaba datamining era una verdadera estupidez. Una perogrullada. Sólo venían grandes porcentajes sobre lo que habían pedido sus clientes por fecha, hora, tipo de mesa, etc. No servía más que para conducir mirando al retrovisor como le dijo Fran.

Mirar cara a cara a cada cliente, andar tres metros previos para tener la actitud de escuchar y entender y comprender a su clientela. Ser valiente y preguntar toque o no toque a nuestro nuevo cliente (porque cada día ese es un nuevo cliente y tal vez haya variado su actitud o su perfil). Y una vez delante del cliente tomar nota no sólo de la bebida y la comida, sino de la necesidad, procedencia, tipo de persona que va a darle sus euros y al que aspiraba a dejar satisfecho.

Había obscurecido. Era muy tarde y una llamada de su casero lo devolvió al mundo real.

Salió tras recoger el VAR y pensó en comenzar a orientar su negocio al marketing antes de que llegara la competencia. Lo fue pensando durante el trayecto en coche, durante la cena y hasta altas horas de la noche antes de dormirse por agotamiento

TRES METROS MENOS

Tenía por delante todo su primer verano en pleno nuevo paseo marítimo. En breve abrirían una inmobiliaria y varios pisos piloto estaban en funcionamiento en los inmuebles que se estaban construyendo. Ya vivían varias familias en su bloque y estaban entregando las llaves del inmueble contiguo.

Y tenía por detrás toda la experiencia técnica necesaria para gestionar su negocio. Un negocio que estaba determinado ya claramente como negocio de hostelería especializada, no generalista, en un nuevo paseo marítimo y que ofrecía un estupendo desayuno mediterráneo.

Además tenía la actitud hacia el marketing. Estaba claro que él no había montado el negocio porque estudiara o intuyera que muchas personas estaban deseosas o necesitadas de tomar un desayuno mediterráneo en aquel nuevo eje urbano. Lo había montado como negocio y creyó que sería rentable ya que era una oferta de calidad, atractiva y asequible en una zona que en breve aglutinaría a muchos veraneantes y bastantes vecinos

Pero desde hoy y tras la charla – master que le había ofrecido Fran el día anterior, iba a tener la actitud hacia el marketing. Iba a concentrar en aquellos tres metros que le acercaban hasta cada mesa con nuevos clientes, su mente para entender quienes son sus clientes y por qué habían llegado allí.

Lamentablemente Fran se había quedado a medias y le había dicho que restaban los otros tres metros tras tomar nota en cada mesa. Y no le había dicho lo que debía pensar o hacer en aquellos tres metros de vuelta a la Barra.

Decidió que no le costaría un gran esfuerzo anotar en cada hoja de pedidos de cada mesa dicha información.

Por qué estaban en aquel paseo y por qué. Y para qué habían parado en su local.

Llego la primera pareja de personas a una mesa y les preguntó tras darles lo buenos días. ¿Qué tal, conocen la carta?.

Los nuevos clientes le dijeron que no, que sólo querían un par de cafés y una media tostada.

Eutimio les explicó que se dedicaba exclusivamente a tostadas básicas o con jamón, y de bebida el mejor zumo exprimido a mano de toda la costa.

Los clientes pidieron un par de completos y se lamentaron por la falta de café.

Por primera vez Eutimio les preguntó antes de volverse a preparar el pedido de dicha mesa: ¿son ustedes nuevos vecinos o vienen de trabajo? ¿Conocían ya el nuevo paseo o es la primera vez que vienen?

Los amables clientes contestaron que era la primera vez que venían y que eran de una empresa de suministro eléctrico. Venían a supervisar unas obras.

Cuando se dio la vuelta, junto a "dos completos", anotó " PRO, 1ª VEZ".

Llegó a una segunda mesa un padre con dos hijos pequeños. Se volvió a repetir la escena. Salvo que en esta ocasión tuvo que salvar las objeciones de los propios niños que le pidieron desde Cola Cao, hasta Coca Cola, Fanta , Zumo de Piña, etc hasta que el padre pidió tres zumos de naranja y dos tostadas para compartir.

Antes de iniciar sus segundos 3 metros de vuelta de marketing, les preguntó lo mismo. Si conocían ya la zona y si eran futuros vecinos. El padre contestó sin prestarle atención: "y traiga por favor un cuchillo para cortar bien las tostadas ".

Eutimio anotó junto a la comanda, "Familia. Trinchar la tostada para niños. No boca a boca"

Se quedó paralizado. Literalmente paralizado tras anotar en su portanotas. Uno de los niños gritó "el camarero se ha parado". El padre se sobresaltó y se levantó de inmediato al ver la parálisis de Eutimio. " Oiga!! ¿está usted bien? "… Eutimio volvió en sí y balbuceando le dijo con la mirada perdida " trinchar para niños la tostada". Y siguió sus tres metros hacía la Barra.

El padre se quedó algo inquieto y supervisó todos los movimientos de Eutimio desde la mesa.

Al servir el pedido de dicha mesa, Eutimio le aclaró al padre que se había quedado por un momento pensativo porque estaba cansado. No era para alarmarse. El padre asintió con ciertas dudas. "¿Pero está usted mejor?. Me preocupa porque está usted solo".

Eutimio agradeció el interés del padre y aunque con los gritos de los niños no se escuchó bien, le contestó al padre "Sí , estoy haciendo marketing".

Así fue trascurriendo la mañana hasta que apareció entre las mesas su amigo Fran junto a una pareja de ancianos.

Eutimio le hizo un gesto amigable y les ayudó a acomodarse en la mesa.

Eutimio preguntó tras dar los buenos días qué iban a tomar, tras explicar que estaba especializado en tostadas de jamón y zumos de naranja.

Fran colaboró en la explicación y en la toma del pedido para su propia mesa. Pidieron 3 completos también.

Pero uno de ellos le pidió un vaso de agua. Eutimio insistió en que les dijo que su oferta no lo incluía giñando un ojo a su amigo Fran.

La sorpresa fue mayúscula cuando el anciano amigo o familiar de Fran, insistió en que sólo quería un vaso de agua para tomar una pastilla. Fran le cortó la palabra para decirle en un tono muy seco a su amigo Eutimio. "Traiga usted el vaso de agua. Es su obligación y es obligatorio por ley. Tiene usted por lo que veo tres metros para ver si muchos de sus clientes toman o no pastillas aunque eso no cambie para nada su negocio"

Eutimio descolocado contestó un tartamudeado "por supuesto caballero" y se dio media vuelta.

Anotó "Fran, viejos, mal rollo", agua"

El marketing iba a ser agotador. Si pensaba haber montado un negocio de quita y pon, con una oferta muy buena pero muy discreta para evitar complicarse la vida, el hacer marketing requería una atención que no sabía si iba a ser capaz de lograr.

Bajó un matrimonio con dos niños que ya conocía. No tomaban ni pedían café. Pero los dos niños eran muy traviesos. Además de eso no sabía nada de ellos ya que hasta hace 10 minutos jamás había estado orientado al marketing.

Mientras se dirigía a su mesa, estaba abierto de mente y se mantenía sincera y mercantilmente curioso.

Tras tomar la nota que incluía 4 completos, les preguntó ¿quieren que les trinche las tostadas de los niños?. La madre aplaudió la idea y asintió junto al padre. Fran antes de iniciar la vuelta a su Barra les preguntó ¿ siempre son tan traviesos estos pequeños nuevos vecinos?. La madre le contestó agradeciendo su atención "No paran hasta llegar a la cama. Es imposible tomarse un aperitivo sin verles trastear. Es agotador"

Eutimio volvió a ver la luz. Se le iluminó la cara mientras acudía a preparar el pedido e intentó hacer memoria de aquel comercial que le ofrecía un pequeño cochecito de feria con música para la terraza de los meses de verano sin coste alguno. Seguro que no había tirado la tarjeta.

Sin variar su negocio se iba a ir adaptando a cada cliente, cubriendo la indescifrable necesidad de una mejor manera.

El día estaba siendo duro. No olvidaba que entre sus mesas estaba sentado Fran sin parar de hablar con aquellos dos ancianos. Pero la cantidad de notas que había hecho en sus viajes de tres metros era inmensa.

Estaba disfrutando del trabajo de marketing. La ejecución de su negocio ya la tenía superada.

Cuando se despejó la terraza Fran le hizo un gesto amable para que se acercara a su mesa. Fran respiró profundamente e inició sus tres metros pensando en la mejor actitud a tener.

"¿Todo bien, caballeros? Lamento no tener más agua que la del grifo pero ….". En eso le interrumpió Fran mientras los dos ancianos reían con discreción.

"Eutimio te presento a Tomo y Lomo. Son dos eminencias en el mundo del marketing. Mis dos maestros. Tomo es un gran experto en investigación de mercados. Y Lomo un directivo de éxito en el ámbito de la innovación"

"Encantado" dijo Eutimio mientras soltaba la bandeja y se sentaba discretamente en la mesa. Eran amigos de Fran y éste planteaba la presentación como algo entre amigos.

" Verás Eutimio" prosiguió Fran " estos dos buenos amigos y maestros son expertos en el mundo del marketing y tras muchos años de experiencia ya no están en activo. Pero durante años hemos coincidido los tres en que jamás hemos visto a ninguna empresa o empresario hacer marketing. Yo les he apostado una cena a que tu caso será diferente. ¿Me he arriesgado en vano querido amigo?"

Eutimio sonrió y se relajó. Estaba entre amigos y él era el protagonista. Vaya sorpresa. Antes de contestar a la pregunta de Fran quiso hacer una demostración del buen hacer en marketing y preguntó a Tomo. "Encantado de conocer a un experto en investigación de mercados. ¿Qué opina del datamining y de la IA?"

Tomo sonriendo contestó a Eutimio. "De experto nada. El mundo es muy dinámico y siempre tienes la sensación de quedar desfasado. Eutimio, me ha comentado Fran que eres un estudioso del marketing y voy a compartir contigo algo que no he compartido ni con mis alumnos. Mira, durante años hemos creido que preguntar a los clientes o consumidores era hacer marketing, sin darnos cuenta que las necesidades reales nunca se explicitan o verbalizan por parte de quien es preguntado. El ser humano es muy complicado. Por eso tras muchos años de ejercicio académico y profesional he visto cómo la corriente más pragmática de mi área se han centrado en quien, qué, dónde y cuándo se compra o consume. No se pregunta. Se observa y se registra. Lamentablemente es más fácil y posiblemente certero prever lo que sucederá viendo lo que repetidamente ha sucedido, que intentar entender el cerebro de las personas. Pero lamentablemente como pasó en economía, los matemáticos se han apoderado del marketing haciendo de él un juego de cifras y modelos. Sigo creyendo más en

Jose Luis Perales. Tenemos dos ojos, dos orejas y una sola boca. El ser humando está diseñado para hacer marketing. Para escuchar, observar y actuar en consecuencia. En vez de argumentar nuestra oferta hasta el agotamiento. Por supuesto con ánimo de lucro o de servicio"

"Vaya" contestó Eutimio. "Algo de eso estaba pensando yo esta noche. Le soy sincero si les digo que llevo 2 horas y media creyendo hacer marketing e intuyo que va a funcionar más que mis creencias y mi datamining"
Se arrancó Eutimio con esta pregunta." ¿ y usted Sr Lómo, ya se encuentra mejor tras tomar el medicamento?"

" Pues verás querido amigo" Contestó Lomo, "con estos dos pesados compañeros de mesa no se le quita a uno el dolor de cabeza aunque tome paracetamol".

Todo rieron.

Prosiguió Eutimio "¿Y usted que opina Lomo? ¿ Voy a hacer ganar la apuesta a su amigo Fran o no?"

"Si me enseña su libreto de notas se lo diré enseguida" contestó Lomo.

"No hace falta que se lo enseñe. Me lo sé de memoria y sólo es el fruto de la actitud marketing durante media jornada" Dijo Eutimio.

"Le escucho" dijo Lomo y se acomodó en su asiento.

"Adecuar tostadas para niños trinchándolas; tener para verano un pequeño coche de feria con música infantil para que los niños dejen a sus padres almorzar o charlar; calienta biberones y potitos; Wifi ; y una webcam que dará contenido a mis espacios ya creados en RRSS. No sé si la gente echará de menos mi menú pero lo que posiblemente quieran ver sea estas estupendas vistas al mar desde mi local."¿sigo?" terminó preguntando Eutimio.

Fran y Tomo y Lomo se miraron. Y volvieron sus miradas hacia Eutimio. Fran estaba eufórico pero se contenía.

Fran dijo "Eutimio , eres vivo y apasionado pero no creí que en una sola jornada pudieras tener la capacidad de esponja que he visto en ti hoy". "Creo acertar al decir que has recorrido hoy varias veces los tres metros más rentables de tu vida" "has hecho tus tres metros de marketing. Enhorabuena"

Eutimio se levantó y le dijo "No voy a permitir que un amigo pierda una apuesta si yo puedo hacer algo al respecto"

Mientras se levantaba para seguir atendiendo a sus clientes pregunto a los tres "¿ y cómo saben que hago marketing sólo por las cuatro ideas que he obtenido de la escucha interesada a mis clientes?. Tal vez no sean buenas ideas o estén mal interpretadas"

Tomo respondió "Eutimio, si me lo permiten mis colegas te lo aclaro yo. No es cuestión de si aciertas o no en tu escucha o en lo que realmente es pura interpretación de mejoras sobre deseos o necesidades no satisfechas de tus clientes. Unas veces acertarás y otra no. Pero hacer marketing es tener esa actitud de manera constante. Una vez alcanzada la correcta ejecución sobre tu idea de negocio, lo que te diferenciará siempre respecto a tu competencia es la actitud que te recordará siempre la canción que has interiorizado"

Eutimio aunque estaba algo inquieto porque no quería desatender su terraza le lanzó una pregunta que para él siempre le generó una gran duda en todos los libros de marketing que había devorado.

"Permítame una pregunta y espero no ser desafortunado. Señor Tomo ¿cómo hubiera planteado usted la que se supone que debe ser la investigación de mercados previa a montar el negocio que yo he montado?. Porque realmente no he hecho ninguna y por tanto el negocio está con un error de base según las técnicas del marketing"

Tomo aplaudió la pregunta y se lo hizo saber con una reverencia.

Y le aclaró " Tienes razón en un tema y te equivocas en otro. Eutimio no es posible predecir el futuro y menos cuando se trata de un negocio nuevo. Hubieras tirado el dinero en caso de haberla hecho. Pero te equivovas cuando hablas de técnicas de marketing. El marketing es la manera más barata, más rentable y más certera o menos insegura de conducir un negocio. Es una manera de actuar. No un conjunto de técnicas. Durante años la mala traducción del término marketing (comercialización en castellano) ha producido una confusión entre las técnicas de comercialización con la filosofía del marketing".

"Para resumirte" sentenció Tomo , "la comercialización es al marketing lo que el sexo al amor"

Se levantó Eutimio y se disculpó ya que tenía faena y estaba desatendiendo la terraza. Además le quedaba muchos tres metros por mejorar. Iba a hacer marketing este verano

LA SEMANA DE LA NOCHE DE SAN JUAN

Esta semana era la precedía al periodo estival. Era esta semana su semana clave. Todo lo que había hecho en los últimos días con la mentalidad o filosofía de marketing ahora debía ponerlo en marcha. Además no había dejado ni por un ápice su actitud hacia la excelencia en el servicio de mesas ni en el corte de jamón, en el emplatado o en la preparación cuidadosa de su zumo de naranjas.

Esta semana al cerrar cada dia se dispuso a hacer las tareas que observó que podían satisfacer a sus clientes en necesidades desconocidas pero supuestas. Fue a colocar una webcam mirando al mar desde su terraza. La iba a linkar en su perfil de Facebook.

Compró un calienta popitos y biberones. Además compró un cargador universal de móviles. Compró un descalcificador de agua para poder ofrecer un vaso de agua a quién lo necesitara. Por supuesto de manera gratuita.

Le instalaron un cochecito eléctrico infantil al costado de su terraza para que a cambio de una moneda los niños pudieran montar y expresar su inquieta actividad. Bajó por defecto el volumen musical del cochecito.

Era el verano y no iba a renunciar a las noches de verano. Ya estaban terminando las obras de dos locales de hostelería y estaba algo inquieto.

Por ello se decidió llamar a Oportuno. Oportuno era un comercial de una cervecera local que le comentó en su día que fabricaban cerveza artesanal de naranja, junto a otras especialidades.

Cerró un acuerdo con él para que le sirviera cajas de tercios de dicha cerveza. Por las noches iba a ofrecer dicha cerveza de naranja junto a platos de jamón con regañás.

Iba a ampliar su oferta manteniendo el mismo rumbo. Ofrecer productos de la tierra, sencillos, buenos, de calidad y sin ampliar en exceso su carta. Abriría por la noches sólo en julio y agosto. Era momento de hacer caja y no confundir el término especializado con el de rarito. Es un comentario que le hizo Lomo y del que tomó buena cuenta.

Eliminó el cartel de "No Hay Agua"

Oportuno era espabilado y siempre le daba la razón acabando con un "sin embargo". El sustituir "pero" por "sin embargo" hacía de la discusión un placer para los oídos. Oportuno estaba de acuerdo en no servir café, ya que en su opinión era la manera de hacer rotar mejor las mesas y no gastar una mesa para un simple cortado.

Al escuchar esta opinión, Eutimio con su nueva manera de pensar de manera activamente marketera, se dió cuenta que servir café era sinceramente algo con lo que no había contado nunca pero sólo para que no se sentaran clientes poco rentables. Mucho tiempo ocupando mesas y poco ingreso. Pero realmente no lo hacía para rotar las mesas de manera más rápida ya que muchas mesas tras tomar su almuerzo completo se quedaban mirando el mar sin pedir la nota ni pestañear. Realmente no estaban allí por las tostadas solamente. Y no pagaban por ellas solamente.

En todo caso el 99% del público por defecto pedía café, incluso tras ver el cartel donde se aclaraba que no se servía café.

Así pues tras seguir haciendo que escuchaba a Oportuno decidió algo que le parecía un acierto.

Ofrecería café de puchero gratuito incluido en todos los menús completos con o sin jamón. No serviría café por separado ni cobraría por él. Pero su cabezonería estaba riñendo con el marketing. Si el mercado y la clientela eran permanentemente dinámicos, su misión , si estaba basada en la filosofía marketing, no debía de ser estática.

Compró una cazuela donde aprendió en una noche a hacer un café de puchero que quitaba el sentido. Y digo que quitaba el sentido no sólo porque en estuviera bueno, sino también porque en ocasiones llevaba demasiado anís ya que no tenía en lo de preparar cafés de puchero una curva de aprendizaje tan desarrollada como con el corte de jamón.

Creía estar preparado para comenzar el verano cuando advirtió que estaban haciendo una inauguración privada en los dos locales de hostelería que tenían a su alrededor.

Se dispuso a acercarse a los locales y observar sus ofertas.

Uno de los locales se llamaba Restaurante Marítimo. "Vaya creatividad" , pensó Eutimio. Era un local con colores azules y blancos, buenas mesas con manteles de calidad y vajilla y cubertería de un señor restaurante. La carta era muy amplia. Había entrantes y ensaladas, carnes y pescados, arroces y postres. También contaba con carta de vinos.

En el rótulo del Restaurante Marino, abajo a la derecha aparecía el logotipo de la cervecera El Colmo. Y le saludaron de lejos Pi y Pon que estaban invitados a la inauguración y de hecho estaban más que inaugurando el barril de cerveza. Seguramente no había pagado el propietario ni un euro por las mesas, sillas , manteles y cubertería..Iba a cuenta de El Colmo.

Para su sorpresa abría a las 11h y cerraban a las 17h. Volvían a abrir a las 20h y no trabajaban los lunes.

El otro local era un pizzería donde se servían desde porciones de pizza hasta pizzas individuales. La oferta se completaba con helados no caseros. Allí vio sonreírle al comercial de Coca Cola, que había conseguido dejar su sello en cada rincón de la pizzería. Por el aspecto de la dueña, abriría cuando ella quisiera. En la acera había dos motos con sendos maletines donde se podía leer PizzaRápida. Servicios a domicilio.

Estaban las cartas echadas. Se preveía un verano intenso donde lo que había aprendido desde febrero en su faena rutinaria le debía dar seguridad y lo que había aprendido de Fran le daba tranquilidad.

Empezaba un verano donde su negocio seguía estando en una zona con gran potencial y al ser verano se intuía un gran presente también puesto que a los vecinos que ya estaba instalados y potenciales clientes que visitaban la zona para adquirir una vivienda, se unirían veraneantes que no querían dejar de conocer dicho Nuevo paseo marítimo.

Pero a ese gran presente no se iba a enfrentar sólo ni iba a poder disponer de un mercado cautivo. Ya había competencia como estaba previsto. Su Oligopolio aspiracional estaba creado.

Se fijó si en ambos locales ofrecían zumos de naranja con tostadas y en ambos lo hacían hasta las 12h.

Ya había pasado la noche de San Juan y en los últimos días del mes de junio Eutimio hizo balance de lo que había aprendido y de lo que sabía.

Tenía un negocio de hostelería especializado con una carta discreta en el que aspiraba a dar el mejor servicio y la mejor calidad. Lo dominaba. Además en verano abriría por las noches para dar platos de jamón con cerveza artesanal de naranja a quien no quisiera su menú/almuerzo mediterráneo.

El lugar escogido para su negocio era un Nuevo paseo marítimo con potencial. En él ya se habitaba y el tránsito era intenso debido a la venta de viviendas y a la gran cantidad de oficios que por allí pasaban a diario. El fin de semana tenía más público de lo habitual ya que era destino por curiosidad o por interés, para muchos futuros propietarios y para simples personas que visitaban dicho paseo.

A pesar de ser un paseo con gran potencial, ahora ya lo tendría que compartir con dos competidores. El Restaurante que se había adueñado del nombre de la zona, y la pizzería Mirameynometoques de futuro incierto.

Al haber practicado el marketing gracias a la canción de José Luis Perales y a los consejos de Fran, su amigo, había creído ir detectando las necesidades y mejorando y adaptando su oferta y otros temas para mayor satisfacción de su clientela.

Todo en aras de buscar repetición de visita y recomendación.

Para las nuevas generaciones estaba presente en RRSS en su perfil de Facebook y en Instagram donde estaba dando más que un servicio al compartir la visión en tiempo real del oleaje del mar delante del Nuevo paseo marítimo , que en un yo-mi-me-conmigo habitual en muchos perfiles y que por tanto ni siquiera servían para calmar el ego de las personas allí conectadas.

En cuanto al datamining o registro de su actividad de ventas por días y horarios y tipos de clientes, aunque le daba pistas sobre alguna mejora en cuanto a suministros y compras estaba claro que no le daba pistas sobre el futuro siempre dinámico e incierto.

Lo revisaría como al retrovisor de un coche. De vez en cuando pero fijándose en la carretera.

Fijarse en la carretera significaba para él hacer marketing. Mirar y escuchar a los clientes en sus comentarios, movimientos y pensamientos en voz alta. Hacerlo por defecto siempre y si no se producía esa chispa entre sus clientes y él de manera espontánea, provocarlo sin ser cotilla o antipático.

Había visto que los clientes verbalizaban evidencias que escondían posibles necesidades. Nunca hablaban de las necesidades de manera directa.

Repasó la canción por enésima vez subrayando lo que para él eran las claves de la canción: "MIRANDOTE a los ojos juraría que tienes algo NUEVO que CONTARME....EMPIEZA YA mujer no tengas miedo. Quizás MAÑANA SEA TARDE. ¿Y CÓMO es él? ¿EN QUE LUGAR SE ENAMORÓ DE TI? ¿DE DONDE ES? ¿A qué dedica el tiempo libre? PREGUNTALE por qué ha robado un trozo de mi vida...

En ese instante tocó en la puerta de cristal Fran. Fran siempre era bienvenido.

La ofreció un zumo de naranja y le contó el análisis y resumen que acababa de hacer.

Fran, tras terminar el zumo se quedó pensativo y le pidió que le ofreciera el texto subrayado. Sentía curiosidad, dijo.

"Desde luego Eutimio das miedo. Te has convertido en un monstruo del marketing. ¿Y dices que has subrayado lo que supones clave en la canción que te recomendé?" Dijo Fran

"Así es" Contestó Eutimio

"Si yo fuera aún analista de marketing como lo fue Tomo " prosiguió Fran, " te aclararía como hacía él conmigo cuando yo era su alumno , que jamás debes preguntar cosas sobre las que no puedes sacar ninguna conclusión útil"

"¿De verdad crees que te sirve preguntar de dónde son tus clientes, cuándo conocieron tu local o a qué se dedican?. Dijo Fran de manera amable y sonriendo "Antes de que entres en crisis Eutimio" dijo soltando una pequeña risa de complicidad . "No digo que no esté bien conocer a nuestro cliente pero tampoco creo que les preguntes por su talla de calzado ya que no vendes calzado. La canción que te recomendé porque resume la filosofía del marketing. Estar de manera proactiva y permanente decidido a interesarse por el cliente, sin dejar dicha tarea para un mañana"

Eutimio , aunque algo herido y confuso por la pregunta de Fran le respondió con total confianza. "Fran así he entendido finalmente la canción. Es cierto que preguntar si conocen o no el paseo o preguntar si conocen el local son preguntas para romper el hielo e iniciar el diálogo. De nada me sirve preguntar de dónde son o de dónde vienen mis clientes ya que cada cliente es nuevo al día siguiente, pero preguntar cómo me han conocido me ha servido para ver si puedo mejorar el conocimiento de mi local"

"Perfecto Eutimio", le dijo Fran. "Exactamente lo que esperaba oír. Entonces explícame por qué no has subrayado la frase POR QUÉ ME HA ROBADO UN TROZO DE MI VIDA. No sé si te has dado cuenta que es la pregunta clave. Saber por qué han consumido en tu local, aunque es como el Santo Grial, es la clave de tu negocio. Si sabes qué están comprando o por qué están pagándote sabrás a qué te dedicas y habrás llegado a la excelencia en el marketing"

Eutimio contrariado respondió "Pero tú, Tomo y Lomo me asegurásteis que las necesidades no se verbalizan, que es imposible conocer las verdaderas necesidades que cubre mi oferta".

"Así es Eutimio, pero no dije que no se debiera intentar" concluyó Fran.

"Ok Fran. Esto es un órdago en toda regla. ¿pero te parece mal las preguntas que suelo hacer y de qué manera las he convertido en lo que creo que son mejoras para y por mis clientes?"

"Para nada" dijo Fran. "Es la actitud correcta. La actitud del marketing. La curiosidad perpetua en busca del factor clave de éxito. O sea, conocer de qué va el juego. Cuál es la tecla que hay que tocar por encima de las demás. El servicio, los productos, el clima, el paseo, el jamón, el zumo, la comodidad de tus sillas, tu simpatía y los precios correctos. Incluso el café de puchero y la cerveza de tarde noche son factores claves de no fracaso. Se trata de tu negocio. Cualquiera con tiempo y destreza lo sabría imitar e incluso mejorar. Pero tus 3 millones de metros que llevas dados deben darte, si has hecho marketing, una ventaja competitiva insuperable. De eso va el marketing. Entender hasta tal punto y de manera dinámica tu mercado real que puedas llegar a saber dónde está la clave de lo que estas satisfaciendo y sin darle bombo actuar para ser el dueño de ese factor clave de éxito"

"No te sigo Fran…y mira que me aplico" dijo entre risas Eutimio.

"Te lo explico con un ejemplo. Hay muchas empresas de pizza a domicilio. Por supuesto que no deben ser muy caras y que deben tener una calidad máxima en ingredientes y sabor. Pero en los inicios de este tipo de empresas aquel competidor que aseguraba que en menos de 30 minutos estaba en tu casa, fue el que se llevó el éxito. Si puedes esperar más de una hora para una pizza seguramente tienes tiempo de ir a un restaurante. En sus inicios la clientela buscaba el factor clave que era la entrega rápida. Una vez que todos han conseguido llegar a esa media hora, el aspecto físico de los que entregan la pizza, en mi opinión, se ha convertido en esa ventaja diferencial. Si se descuida su imagen el negocio se va a pique" Argumentó Fran

" Ok, lo he entendido. O sea, que para hacer marketing, además de entender el negocio como lo estoy entendiendo desde que te conozco debo seguir buscando ese factor clave de éxito que incluso con la hipotética competencia de clones de mi negocio , me llevaría al éxito" Dijo Eutimio

"No lo habría podido expresar mejor" Contestó Fran.

"Pues tengo trabajo por delante" aseguró Eutimio.

"Yo creo que lo tienes delante de tus narices desde el primer día pero no lo has visto. De hecho me lo comentaste en nuestra primera conversación"

"¿Cómo? Fran ahora no te puedes ir. De eso nada. Eres un amigo muy malvado. Esto es un calvario. Te ruego me digas lo que estás pensando. No me puedes dejar así. Haré que pierdas tu apuesta" Dijo extremadamente nervioso Eutimio.

"Eutimio no te alteres que te va a dar algo. Ya es tarde y mañana debo viajar. Tienes todo el verano por delante. Si te lo digo tal vez me equivoque. Es sólo una intuición basada en tu curiosidad y en mi experiencia. Pero no soy tu único cliente. Deja pasar el verano, céntrate en los miles de tres metros que vas a tener que dar para ganarte la vida y a la vuelta de verano seguro que lo tienes más claro que yo". Dijo Fran "Mira allí tienes dos mesas sin atender con tanto marketing arriba y abajo"

"Trabajando que es gerundio!!" Dijo Eutimio al tiempo que se despedía de su gran amigo guiñándole un ojo.

Eutimio se acercó a su terraza y comenzó el verano

Eutimio siguió sirviendo mesas hasta las tantas de la noche aunque sin mucho éxito. Casi nadie que ya conocía la zona pensaría que Eutimo estaba abierto por la noche. Y lógicamente a nadie le apetecía pedir una tostada de jamón con zumo de naranja para pasar la velada.

No fué un noche de éxito. Pero le mandó un whatsapp a Oportuno para que le trajera al día siguiente algún reclamo luminoso pero discreto de su cerveza de manera que llamara la atención de los viandantes por la noche y supieran que allí también podía tomar una cervecita, de naranja, con un plato de jamón bien cortado.

La mañana posterior pasó algo que será recordado por Eutimio de por vida.

A mitad de mañana en una mesa donde estaban sentadas dos chicas tomando su menú, una de ellas levantó la mano para que Eutimio se acercara.

Eutimio sacó la nota de la mesa, y aunque veía que aún no habían acabado sus zumos ni sus tostadas, se la acercó por si ya querían pagar.

Al caminar aquellos tres metros, una de las chicas le dijo a Eutimio educadamente " Por favor , ¿ podría bajar el nivel de la música?. No se puede ni hablar".

"Por supuesto" contestó sin dudarlo Eutimio, ya que él estaba al servicio de su clientela siempre que ésta fuera rentable.

Cuando iba a volver a desconectar la radio miró a las otras dos mesas que estaban ocupadas y Eutimio tomó una decisión salomónica o al menos ingeniosa. Presupuso (*), (*algo que ya sabía que estaba prohibido en la mentalidad del marketing), que a las otras dos mesas sí les apetecía seguir con la música de fondo. Por ello desconectó el altavoz más cercano a la mesa de las chicas dejando la música en los otros dos altavoces de terraza conectados.

Al ver las chicas que desconectaba su altavoz le dieron las gracias.

Era extraño porque el nivel de la música era muy suave y por supuesto inferior al ruido provocado por las dos conversaciones superpuestas e independientes que enambas chicas estaban manteniendo con una sonrisa cada una de ellas.

Cuando se dirigía por el metro dos, de otra de las dos mesas restantes un joven muy bien vestido y con gafas de sol de más de 300 euros le pidió lo mismo a Eutimio. "¿puede desconectar también este altavoz? . No me agrada esta música".

Eutimio se fue paralizando a medida que avanzaba a cámara lenta para desconectar el segundo altavoz de la terraza.

Se quedó traspuesto de la misma manera que le sucedió con aquel padre que le pidió un cuchillo para las tostadas de su hijo.

El joven pensó que Eutimio había sufrido un soponcio, que es como los ricos llaman a los ictus de los pobres. Al igual que muerte súbita en el mundo corriente es un jamacuco. O infarto de miocardio en el mundo de los corrientes se denomina patatús o vaído.

Tal vez se hubiera electrocutado aunque con un altavoz inalámbrico era harto complicado.

Eutimio se había quedado parado mientras acababa de desconectar el altavoz del chico de clase acomodada.

Además sonreía levemente mientras le salían del lagrimal unas lágrimas como naranjas de Valencia.

"¿Jefe, está usted bien? Diga algo por favor. ¿Qué le ocurre? Oiga!!" Gritó el joven mientras agarraba de los hombros a Eutimio.

Eutimio reaccionó mientras seguía lagrimando, porque llorar no lloraba y contestó al joven "Gracias señorito. Ustedes gritan aunque uno se esté muriendo. Ni aun así dejan de dar órdenes"

Eutimio recorrió el último metro hacia la barra muerto de risa mientras el joven quedó perplejo. Si hubiera sido de una clase social más baja se hubiera quedado "empanao" .Pero éste se quedó perplejo.

Mandó un whatsapp a su amigo Fran. En él decía " ya tengo el factor clave del éxito"

Fran comenzó a leer el mensaje ya que en su perfil ponía "escribiendo" y contestó a Eutimio por whatsapp "no te aceleres, es muy muy difícil que lo encontremos ni incluso trabajando juntos" Y continuaba " ¿y se puede saber cuál crees que es?".

Eutimio contestó "tú también lo sabes. Ganarás la apuesta de esa cena con Tomo y Lomo" " Tenías razón lo tuve delante de mis narices el día que te conocí".

Fran contesto con unas manos de aplauso en whatsapp que suelen mostrar alegría y enhorabuena.

Y añadió "suena muy , pero que muy bien"..

Al leer este último comentario Eutimio soltó una carcajada y dió un blinco que recordaba al futbolista que marca un golazo por la escuadra.

EL VERANO SE FUE Y LLEGÓ EL OTOÑO

Pasó el verano. Había sido un par de meses de intenso e incierto trabajo. Tanto para él como para los otros dos restaurantes que había en la zona.

También había sido un verano lleno de actividad para las inmobiliarias, los oficios que acababan y entregaban obras y para los primeros habitantes de la zona.

Oportuno no se creía las cifras de ventas que tenía con Eutimio. Pin y Pon había dormido un par de veces en el propio paseo después de cenar y alternar con el propietario de Restaurante El Marítimo.

El comercial de Coca Cola había conseguido para su propia sorpresa que Eutimio le comprara su botella icónica y alguno de sus productos. Entre ellos el agua.

Por supuesto ya no quedaba rastro de los carteles de "no hay refrescos" o "no hay café" en el Var de Eutimio.

Cualquiera que no entienda de marketing podría pensar que Eutimio se había convertido en un Bar vulgar debido a la fuerza de la demanda y por culpa de la competencia.

Pero Eutimio sabía que seguía dominando un negocio de hostelería especializado (ya no especializado y raro de narices- o excluyente) y la esencia de su negocio estaba intacta y era los cimientos de su negocio.

Es cierto que ya ofrecía café pero no sólo café. Es cierto que a aquellos que no querían zumo de naranja ya les podía ofrecer otro tipo de bebida. Y por las noches fue un éxito la combinación del jamón bien cortado con la cerveza artesana y más de una Coca Cola Zero Zero.

Los comentarios en las redes ya no sólo hacían referencia a las imágenes de su webcam sino que hablaban maravillas de la experiencia única que era estar en Var Eutimio y no sólo por su discreta pero excelente oferta gastronómica y su curioso y atento propietario y camarero.

Se hablaba maravillas de Var Eutimio en las redes y muchos se hacían selfies desde su terraza.

Los dos momentos más maravillosos del verano fueron el día que el Restaurante El Marítimo contrató una pequeña orquesta para amenizar las noches. Y la noche que la Pizzería dejó a la hija de la propietaria manejar la música de su local. Maquina total 5.0. Era otra manera de rotar mesas. Y de causar graves enfermedades mentales.

AHORA TE TOCA A TI ACABAR ESTE CUENTO , estimado lector

Hola lector. Hablo contigo ahora. "¿No sabes cuál era el factor clave de éxito del negocio en el que tenía que competir haciendo marketing Var Eutimio?"

Si has entendido que **hacer marketing**, sea cual sea el negocio, **es**

- estar atento a las pistas que de manera activa o pasiva tus clientes te lanzan para decirte cómo hacer de tu oferta algo más satisfactorio para el propio cliente ,

sin centrarse en exceso

- ni en darse a conocer a todo precio,
- ni centrarse en ser el rarito por diferente sin que nada aporte eso a tu cliente,
- ni intentar psicoanalizar al cliente para descubrir necesidades que ni siquiera conscientemente conoce el propio cliente,
- ni jugar a revisar el pasado ni a crear una falsa inteligencia artificial especialmente en un mundo dinámico y cambiante

y que gracias a ese viaje y a esa actitud, algún día puedes tener la suerte de conocer qué necesidad cubre tu negocio gracias a ver de frente el factor clave de éxito del negocio en cuestión.

...entonces sabrás cuál es el **Factor Clave de Exito** del negocio de Eutimio.

PD. Uno de los comentarios con más "me gusta" de sus seguidores en Facebook decía "**comer tostadas con aceite de oliva virgen de Jaén es ideal. Acompañado de un buen jamón de Teruel perfectamente cortado, un sueño. Maridarlo con un zumo de naranjas de Valencia asustado con su pulpa, un placer. Pero hacerlo todo a la vez escuchando en silencio las olas del nuevo paseo marítimo es sencillamente excepcional. Bravo Var Eutimio**"

www.ingramcontent.com/pod-product-compliance
Lightning Source LLC
Chambersburg PA
CBHW031544210526
45464CB00003B/1141